ヒトか
サルかと
問われても

［増補新版］

西江雅之

白水社

もくじ

I

どこから来てどこへ行くのやら

かつて、わたしはアフリカでの生活体験を綴ったエッセー集のあとがきに、日常のさまざまな出来事も、過ぎ去ればすべては無か思い出か、というようなことを書いた。

過去という鏡の中に、自らの姿を見る。しかし、わたしの目が捕まえているものは、そこに映っているはずの自分の姿のすべてではない。その時、その場で自分があえて見る気になった部分だけである。そのうえに、記憶違いなどというものも手伝って、見えた像は他人から見れば多少の修正を必要とするだろう。まったく、思い出などというものは、多分にひとりよがりのものでもあると思えてくる。

わたしがこの話を書いたのは五十歳になる頃だった。半世紀ほど前ならば〝人生五十年〟。すでにこの世に別れを告げてもよい年齢だろう。その前に書き残せと言われて書いたのである。それから十年が、あっという間に過ぎ去った。運が良ければ、わたしはもう少しは生きのびて、人生の散歩道とやらを相も変わらず同じ調子で歩き続けることになろう。現在六十歳。区切りのよいこの時期に、気ままに生きてきた過去を振り返り、わたしだけの刻《とき》の断片を拾い集めておいたものを再び取り出して、何らかの形にしておくのもまた無意味とは言えないですよという知人の勧めに従ってみようかという心境になってきた。

*

最初の記憶

薄暗くてガランとした空間の中に、柔らかい柱がぼんやりと立っている。それがこの世でのわたしの最初の記憶である。

人間、どこの生まれでもわたしにとっては同じである。それにわたしは長い間、「君の生活は獣や虫と変わらないね」と、身近な人々に言われ続けてきた。そんな気持ちがあってなのか、生まれた所はと問われると、「みなさんは立派に生まれたので、どこそこの区役所、村役場に届けてあるかも知れませんが、わたしなどは虫けらのごとく発生したも同然。届けは保健所ですよ」と言って適当にその場をやり過ごしていた。改めて出生の場を尋ねられたりすると、そこが何処《どこ》であったかを誰か他の人に尋ねなければならなくなる。

姉に電話で確かめてみたら、当時の東京の本郷区駒込林町（現在、文京区千駄木）だと言う。一九三七年（昭和十二）十月二十三日のことである。星座は何ですかと聞く人も多い。わたしは前日二十二日の夜中から生まれはじめ、二十三日に母体から完全に抜け出したという話を聞いたことがある。そうなれば、星座は上半身は天秤《てんびん》で下半身は蠍《さそり》である。われながらやったぞと思う。順序がその逆でなくて良かったと思う。頭が蠍で下半身が天秤では男として格好が悪い。

その頃、父親は中学校の英語の教師をしていたらしい。生徒たちには、人気というよりは人望があった教員らしく、顔にニキビ跡のような凸凹があるので〝アバタ〟の名で親しまれていたと、その後三十年ほどたったある日、元生徒という人物から聞いた。母親は自宅と出張教授でピアノを教えていた。一番上には姉がいて、次に兄が二人、そしてわたしがいた。実際にはわたしの上には姉がもう一人いたようだが、わたしが生まれる前にすでに亡くなっていた。知っているのはレイコという名前だけである。

四歳ぐらいまでの記憶には、家族に関することは一切ない。家の外でのことならば一つある。板塀に挟まれた狭い路地があり、そのどこかで隣の大きい兄さんがよく幻燈会をやっていた。その頃は、スライドなどという単語はなかった。そのお兄さんは母親の白い腰巻をスクリーン代わりに使っていたものだから、よく大声で叱られた。どのように叱られていたのかは、まるで記憶にない。なにやら甲高い女の声が今でも聞こえてくる気がする。

この時期の出来事としては、他人の話によるところでは、わたしは坂道で三輪車の曲乗りをしてひっくり返り、腸捻転《ちょうねんてん》をおこして入院したことがあるらしい。それから、跳んだりはねたり、すべったりのいたずらが重なって、その結果、頭の前と後ろには今もはっきりと残るハゲを二つこしらえた。また、家にいたお手伝いのお姉さんの背中におぶさって、「あっち、こっち」と自分が行きたい道を指図して町中を歩かせ、「この子はいつか道案内人になるだろう」と人々のうわさになったこともあるらしい。

道歩きといえば、自由に歩きまわれるほど大きくなった時、わたしが一番得意だったことは、お手伝いさんが幼稚園までわたしを連れて行き、教室に入ったのを確かめて家に帰ると、スキを見つけてこっそり教室をぬけ出して、家々の塀や電柱に身を隠しながら、いつの間にか先まわりして家に逃げ戻ることであったとの話も聞く。しかし、当人であるわたしには幼稚園に通ったという記憶すらない。登園拒否常習犯であったことなどはまるで知らない。

自分の幼児期の写真というものを何枚か見せてもらったことがある。数人、十数人で撮った記念集団写真がほとんどであるが、どれを見ても一人だけあらぬ彼方を向いている。頭がやけに大きくて、文字通りのおにぎり頭をそっぽに向けて、それでもいやな顔どころかむしろ楽しそうな顔をしているのだ。多分この頃、すでにわたしは自分の興味を周囲の人々に合わせることにそれほどの関心を持っていなかったのではないだろうか。

引っ越しと疎開

四歳の頃、現在の西武池袋線（当時、武蔵野鉄道）の東長崎という所に引っ越した。その頃は三つ下の妹が生まれていたので、きょうだいは五人になっていた。

家の斜め前には、汚れた水が溜まった小学校のプールがあった。二十五メートルプールに溜まっている水の面にはアメンボウが走り、水中にはゲンゴロウが泳いでいた。何種類かのトンボが水面すれすれに飛び、夏の夜は、わたしの家の二階の雨戸の戸袋から飛び立ったコウモリが何匹も水面の上の薄暗い空の中を飛び交った。今になって思うと、当時の軍国主義の色が濃い状況の中の子どもとしては、ごく普通であった大将や立派な兵隊さんになる夢は一切なかった。電車ごっことかブリキ製の自動車遊びの世界ともまるで無縁のところにわたしは生きていた。わたしは虫の友だちだった。野良猫やスズメの兄弟だった。

その後一年半ほどして、第二次大戦の戦況は、東京の町の生活にも深刻な影響を及ぼし始め、わたしの家では子どもたちだけが兵庫県の宍粟《しそう》郡 城下《じょうした》村（現在は宍粟市山崎町）の父の実家に疎開することになった。その計画を練り、子ども五人とその世話係をすることになった二十代に入るか否かの若きスマ子さんともども、目的地まで送り届けた親の苦労は大変だったに違いない。当時の交通事情では、たぶん、三十時間はかかる道のりだったのだ。しかし、わたしには東京の東長崎のプールのそばから、瞬間的に時空を飛び越えて、田舎の茅葺《かやぶ》き屋根の下にいた記憶しか残されていない。

囲炉裏《いろり》のある居間から見ると、前に大きな土間があり、さらにその前方には火吹き竹をふうふうと吹いて、涙をぼろぼろと流しながら火をおこす竈《かまど》があった。便所は建物の外にあった。夜になるとタンゴという深い丸桶を土間に持ち込んで、夜中に必要があればその上に器用に登って用を足した。

家の前は大きな畑となっており、その右手には子どもの目から見れば巨大な杉の木が一本、空に向かってそびえていた。抱きかかえても、左右の手の指先が届かなかった。一番低い枝でも地面から二メートルほどもあり、くやしいことに何度挑戦してもその木に登ることはできなかった。屋敷に沿って鉤型に、きれいな水が流れている細い溝があり、その向こうにはまたいくつかの田んぼがあって、農家がぽつぽつと建っていた。そのまた向こうには、田んぼの中にある一軒家があり、〝トンダヤ〟と呼ばれていた。〝飛んだ家〟だと気づいたのは、後のことである。そこが、幼いわたしにとって、人里の果てだった。杉の木の一番下の枝にさえ手が届けば、その先には楽に登れるだけの枝がたくさん張り出している。「上まで登らせてくれれば、村が全部見渡せるのに」との思いも知らぬのか、杉の木は下界のことなどには無関心で、広い空を刺すような姿勢で静かに立っているだけだった。

その田舎の家に移ってからが、わたし自身の記憶に頼れる話になってくる。

〝東京っ子〟から自然児に

五、六歳という年である。言葉はたちまちのうちに東京の山の手弁からその地方の方言に変わってしまった。姉や兄は〝東京っ子〟と呼ばれ、周囲の子どもたちからからかわれ、いじめられたこともあったようだ。しかし、わたしは根っからの土地っ子になってしまっていたので、友だち関係では楽しい思い出ばかりである。いや、土地っ子どころか、その土地の人から見ても珍しい自然児になってしまっていたので、もっぱら大自然の中をうろつき、あまり密接な人間の関係などは持たなかった。いやな思い出はできようにも存在し得なかったのかも知れない。「田舎では、あなたが家の屋根の下にいたのは夜だけだった」と、姉が言うように、日中、わたしはもっぱら屋外で時を過ごし、食べものすらも自分で調達した。もちろん、主食としてではない。種々の食用植物を教えられ、野生植物の葉や実を食べた。戦時中で食糧がなかったからというのではない。そのような状態に日本が置かれていることすら知らなかった。わたしにとってはそれがもともとの自分の世界だった。

火をどのようにしておこしたのか記憶がないが、イナゴをたくさんとってきては水中に沈め、緑色の変なものを吐き出させた後で焼いて食べた。他の虫もいろいろと食べてみた。生きている蚕の両端を持って引っぱると、体がちぎれて中からヌルッとしたものが出る。それを大急ぎで口に入れ、つるっと呑み込むと、何とも言えぬ甘い味がした。今にして思えば、あれは、たれた鼻汁の味ではなかったか。近所の川で魚も捕った。ギンギン（ギギ）と呼ぶナマズに似た魚の針に刺される痛さも知った。釣るということは一切しないで、棒の先に尖がらせた釘を結びつけ、それで突いた。ある日、年上の仲間の一人が川底の泥の上に立っている時、下でモゾモゾ動く自分の足の指を魚と勘違いして力一杯突き刺してしまったことがあった。その時の状況が今でも鮮明に目に浮かぶ。しかし、そのあとで何が起こったのかはまるで思い出せない。

小川の橋の下の水が少し深くなっている所に何匹かのフナがいた。これだけはどうしても刺せなかった。何回挑戦しても、水の流れとフナの機敏な動きがどうしても読めなかったのである。そのうちに布切れで網らしきものを作り、水面の下のフナに本気で挑戦しつづけたが、網の直前で瞬間移動をするフナを捕えることは遂にできなかった。その後、何十年も経った今でも、速い流れにさからうようにしてじっと動かないフナの姿が目の前にはっきりと現れることがある。愉快なのは、馬のしっぽの毛でつくった投げ縄でのドジョウ捕りだった。水底の泥の上から半分ほど姿を出しているドジョウに、小さな輪をそっと近づけて首にひっかけると、キュッと引っぱり上げるのだ。そして捕ったドジョウが数匹たまってくると、小さなたき火を作って焼いて食べる。それは果たして、わたしの生活の一部だったのか、それとも遊びの一部だったのか。

雨の日には、小川の水が一気に増し、流れも荒々しくなる。流れと岸辺との境い目もつかなくなる。わたしは、足をびっしょり濡らしながら、細い畦《あぜ》道を細心の注意を払いつつ、歩いて行く。当時、わたしは家で刈り入れた稲で作った藁草履《わらぞうり》を履いていた。優しかったおばあさんが、土間にぺったりと座り込み、乾いた藁を器用によったり、編んだりして、草履を作ってくれたものだった。その草履に浸み込んだ雨水を、足の裏でじかに感じ取ったのだ。

隣の家の庭には、時々、板に張った野獣の皮が乾してあった。裏面にまだ脂肪が染みついている兎や狸の毛皮があり、時には熊や鹿の毛皮があった。その毛皮の残りくずをもらってくると、それはわたしの宝なので、秘密の隠し場所にそっとおさめて保管した。

「川向こうの山に猪がたくさん出た」などという大人たちの会話が、視界の彼方に見えている山々の緑の中への憧れをかき立てた。ある日、村はずれに一頭の鹿が現れて、それを何人かで追いかけた。追って追って追いつめて、とうとうその鹿をとりこにした。病気の鹿で体が弱っていたのかも知れない。さもなければ子どもなどに追いつめられるはずがない。しかし、この出来事は、目的を達成するまでは無限に走り続けるという気持ちを、幼いわたしに強く植えつけたように思う。

自然児である一方、わたしは本が大好きだった。文字は誰に習ったのか、どのようにして覚えたのか記憶がない。東京から疎開先に送られてきた本の中に、父が使ったものらしい大学の動物学の教科書と、牧野富太郎の大きな植物図鑑があり、それがわたしの最もお気に入りの本だった。

特に動物学の教科書は、微生物の図から人体の解剖図までが出ていて、難しい漢字で説明されていたが、字を人に尋ねたり、自分の想像の世界で考えたりしながら、わかってもいないはずなのにある意味では愛読したものだった。

読書の習慣はその後も続き、後に国民学校に入ってからも四月の新学期に配られる教科書は、全部その日か次の二、三日で読み終えてしまわないと気が済まないようになっていた。特に国語などは、学校では初めて学ぶ楽しみというよりは、自分の好きな個所を学ぶ日がいつ来るかいつ来るかと、待ち遠しさを味わっていたのである。

わたしが国民学校に入学したのは疎開先であった。入学式の時、父兄席の中に両親の顔はなかった。しかし、そのようなことよりも、広い校庭に集まった大人や生徒たちが全員そろって天皇・皇后両陛下の御真影に最敬礼する姿が、不思議で奇妙な違和感をわたしに与えたのだった。

2 焼け野原に鐘が鳴る

ザリガニと秘密兵器

兵庫県宍粟《しそう》郡にある父方の田舎の疎開先で国民学校に入学してからも、わたしは相変わらず一人で野や田畑を飛びまわり、虫を追い、小魚を捕って日々を送っていた。

当時に関してのわたしの記憶は、やや片寄っている。茅葺《かやぶ》きの家も、竈《かまど》も囲炉裏《いろり》も、その形や位置さえもしっかりと覚えているのに、その家の中で何をしていたのか、食事はどんなふうにしていたのか、兄弟姉妹と何をしていたのか、思い出せることが一つもない。

戦況はますます悪化したが、自分のまわり以外の世の中を知らないわたしには、戦時下の悲惨な暮らしというものの実感はまったく残されてはいない。

食べ物は、野山のいたる所に散っていた。草の根や茎をかじってみたり、生きている蚕の両端をつかんで引きちぎり、中からブチュッと出てくる甘いものをズルッと呑み込んでみたりする。それは他人の知らない贅沢な食べ物の味わい方だった。

戦争は終末を迎えていた。学校では、わたしたちは幼い手に竹槍を持ってアメリカ兵を迎え討つ訓練をした。〝鬼畜米英〟の兵隊は生かしておいてはならないと教え込まれた。

運動会は鮮明な映像として、今も脳裏に残る。わたしたちは、短い棍棒を小さな手に握りしめ、二列に並ぶ。「よーい、ドン」の合図とともに、一目散に駆けて向かうのは、前方に立てた二体の藁人形だ。当時の敵の大将、アメリカの大統領ルーズベルトと、イギリスの首相チャーチルである。競争でその人形の側に駆け寄り、手にした棍棒で力一杯「エイッ！」というかけ声とともに、彼らの頭を殴りつけて駆け戻った。

その時と同じ光景を二十年ほど後に、わたしは台湾で見ることとなった。反共の旗とスローガンの下で子どもたちが大陸側の敵、毛沢東の頭をポカリと殴って駆け戻るのである。それから、テレビの画面でも同じ光景を見ることになる。今度は北ベトナムの子どもたちで、反米を叫びながら、アメリカ大統領の頭をポカリと殴って駆け戻る。そんな光景を見ると、不謹慎だが、わたしの心には妙な懐かしさがこみ上げる。

なぜそんなことをするのか、そんなことをして何が面白いのか、それが何の役に立つのか、わたしにはまるで理解できなかったが、学校というものはそういうことを教える所なのだろうということだけは、子ども心にも見えた気がした。それでも学校は楽しくて、一日も休まず、遅刻もせずに、子どもにとっては長い道のりを道草しながら歩いて通った。

小学一年。学校の誰かから学んだことの中で、はっきりと記憶に残っているのは、竹竿を削って槍を作らされた時のことだ。「アメリカ兵がやって来たら、力一杯腹を突き刺せ。人は槍で突かれたままでは声は出せない。だが、ひっこ抜くとその時に声を出す」などという、今でもその真偽はつかみかねるが、妙に真実味をおびた教えである。

寒い満洲で、お国のために戦っている日本の兵隊さんのために、山に行ってみんなでススキの穂を集めた。防寒服に入れるためだと説明された。戦争のない村に、「山向こうの村にアメリカ兵が空からパラシュートで降って来たので、みんなで捕えて電柱に縛りつけ、目玉をくり抜いてなぶり殺しにしてやった」などと誇らし気に話す大人の会話が耳に入って来るようになっていた。撃墜された飛行機から脱出した米兵が悲惨な目にあったのかも知れない。

また、今にして思えば、単にザリガニが一匹とれただけなのだが、当時はその地域まで分布していなかった(?)はずのザリガニが台風の後の大川で捕まって、それをアメリカ軍の秘密兵器(今の言葉で言えば〝生物兵器〟)だと人々が話していた。

「外を歩いている時、万年筆やきれいな小箱なんかが落ちていても、絶対に拾ってはいけない。

それはアメリカの秘密兵器で、蓋を開ければ爆発する」と、強く言って聞かされたりしたが、路上に落ちていたのは、結局は見慣れた牛の糞だけであった。その頃、日本各地は空襲のさなかにあって生き地獄の中であえいでいたのだが、それはわたしとは無縁の世界であった。

自家製教科書

広島と長崎に原子爆弾が落ちて、長かった戦争が終わった。わたしの祖母は、アメリカ人がやって来て村人たちを食べてしまうと恐れていた。

名前だけは聞いていたが、初めて見るおじさんたちがヨレヨレの兵隊服に身を包み、ポツリポツリと戦場から近所の家々に戻って来た。ある日、わたしの家の土間にも見知らぬおじさんがヌーッと立っていた。それを見つけたわたしの叔母は、その人のそばにワッとばかりに駆け寄り、ヘナヘナと地面に崩れ落ちるようにして倒れると、人目もはばからず声をあげて泣き出した。人前では涙を見せそうにもない気丈な叔母のそんな姿が、幼いわたしの目に強く焼きついた。ヌーッと立っていた男。それが、わたしの父の弟、すなわち兵隊にとられていた疎開先の家の主人だった。

東京の家が落ち着きをとり戻し、まず姉と二人の兄が、それから半年後にわたしと妹が、東京に戻っていった。

池袋の町は平らで汚れた原っぱだった。焼け野原の果ての地平線に陽が昇り、沈んでいった。

東長崎のわたしの家の近所だけは焼け残っていた。

わたしの遊びの舞台は、野山から焼け跡に、人家の屋根や垣根になった。近所の子どもを仲間に引き入れ、屋根をつたい、縁の下を這いずり回った。

田舎とは環境があまりに違いすぎたが、わたしの好きな生き物たちの姿はいくつもあった。わたしの家の縁の下に棲みついていたイタチが、人目を盗んで矢のごとくに我が家と前の家の縁の下を行き来した。家の二階の戸袋にはコウモリが何匹も棲んでいて、日没時には近所のプールの上で舞った。近くの小さな林に行けば青大将や縞蛇《しまへび》もとれたし、コジュケイの親鳥が数羽のヒナをひき連れて茂みの中を足早に歩く姿も普通に見られた。

二年生で転入した東京の小学校には何の抵抗もなく同化した。定員超過のため、二部授業、時には三部授業というのがあって、教室に入れない生徒たちは時間帯をずらして学校に行った。教科書は数人に一冊という割合で、足りないのみか、墨をすって戦後民主主義に不適当な箇所は真っ黒に塗りつぶすという作業をさせられた。あるページなどは本当に真っ黒になってしまい、どうせなら破いてしまった方がはやいのにとさえ思われた。

わたしは学校から教科書を借りて来て、家でノートに丸写しをするという作業をして、自家製の教科書作りに励んだ。それから近所の焼け跡をめぐり、草花を集めて押し花作りに熱を入れたりもした。ガレキの下に隠れているオサムシなどの甲虫類を何十匹も集めては、背中から針を刺して標本作りにはげんでいた。虫の命。そのようなものの存在は、当時のわたしには、想像力のまったく外にあった。いま思えば、不思議なことである。

可愛いボーイソプラノ

そうこうするうちに、ピアノの先生をしていた母が、都心のどこかで催された〝素人のど自慢〟のようなものにわたしと妹を連れて行き、童謡を歌わせた。今にして思えば、母は妹を歌手にさせたかったのかも知れない。

審査の結果、妹は鐘一つ、つまり落選し、わたしは鐘が連打して、たちまちのうちに童謡合唱団と劇団のような所に所属することになってしまった。NHKの「子どもの時間」という番組に出演するようにもなっていった。

今から五十年ほど前、テレビなどというものは存在しなかった、NHKの放送も、ラジオだけだった頃である。新橋の内幸町《うちさいわいちょう》にあったNHKでは、録音などというものはわたしが出演する番組にはなくて、朝の十時頃と、夕方の五時半頃の子ども向け番組はすべて生放送でおこなっていた。ということは、学校の授業を休み、その時間に局まで通って出演しなければならなかったということである。

歌や劇番組に出ているうちに、当時は空前のヒット作といわれた『鐘の鳴る丘』という放送劇が有楽町の日劇小劇場で上演されることとなり、そこからも声がかかった。わたしは毎日、有楽座の上の方の畳部屋で練習に励んだり、一日に二回か三回の興行のため日劇に足を運ぶようになっていた。アーニー・パイル劇場などという名を知り、その中をのぞいてみたりしたのもその頃だ。ずっと後になってのことだが、大学生になってから、フランスの芸術論などに凝り、世界的な日本のシュールレアリストである瀧口修造の本を読みあさったことがあった。その瀧口修造氏が戦後間もなく翻訳出版をした『アーニー・パイル伝』は、単に偉大な従軍記者の話というのみではなく、どこか自分の幼い頃を探る旅のような気持ちで読んだ。

朝、家を出て西武線で池袋に行く。そこからは、むき出しの連結器の上だけではなくて屋根にまで人々が乗っている超満員の山手線に乗る。どのようにするかと言えば、大きな木の枠の車窓のそばに立って、「ぼくは『鐘の鳴る丘』に出演しに有楽町駅まで行くのです。誰か乗せて下さい」と可愛い声（ボーイソプラノだった）を張りあげて言うのだ。こうするように訓練されていたのである。すると、誰かが電車の窓から腕を出してわたしを車内に拾い入れ、木製の荷物棚の上に乗せてくれる。そして有楽町にやって来ると、先ほどと同じようなことを言って、誰かに窓からプラットホームに降ろしてもらうのだ。

歌にしろ劇にしろ大した役での出演ではなかったが、こんなことを毎日やっているわけだから、学校通いはおろそかになっていった。劇団などの世界の大人たちからフランスやアメリカの演劇人の名を聞かされたり、可愛がられて日劇の屋上で個別に演技指導などを受けたりしたが、わたしの心の方はどうもそのようなことには無関心で、家にいる時は相も変わらず林や屋根や縁の下をうろついていた。

夜は早く寝て、朝は五時頃に起きようと心に決め、それを実行した。その方が小鳥や虫の動きがよく見られたからである。

また、早起きには別の理由もあった。納豆を少しカゴに入れ、早朝の町を大声を張りあげて売り歩いたのである。どんな理由で納豆売りを始めることになったのかはわからない。ただ、家計を助けるためといったような美しい理由によるものでないことは明らかだ。早朝の静かな朝の町で、「ナット、ナットー、ナットウ」と、大きな声を張りあげて歩きまわる。すると、家の脇の木戸が開いて、おばさんが「ちょっと！」と、声をかけてくれる。その後、新聞配達もやった記憶があるが、この方はあまり続かなかったように思う。当時の新聞は紙一枚だけのものだった。数十軒分といってもたいした量ではない。それでも、小学二、三年生にはきつかったのかも知れない。

トッカータとフーガ

納豆売りで貯めたささやかなお金がどうなったのかはまるで思い出せない。日劇出演ではちゃんと給料をもらっていた。その時、人生で初めて手にした給料でわたしが買ったのは、バッハの「トッカータとフーガ」のレコードだった。このことは今でもはっきり思い出す。「自分で手に入れたお金だから、何か好きな物を買いなさい」と母に言われ、最初に思い出したのが、このレコード盤だったのである。どういうわけか、その頃は夢にまで現れるほどバッハの旋律が好きで、その音でハッと目覚めることもあった。わたしは、中学に入ってから現在までは、朝起きて記憶に残っている夢など一切ないが、小学二、三年の頃は、音が追いかけてくる夢をよく見た。空中を犬かきで泳いでいると、トッカータとフーガが波のように襲いかかって来たりしたのである。そのレコード盤を買うために、一キロ半ばかり離れたレコード屋に歩いて行き、店の主人におそるおそる曲名を告げると、その人は怪訝そうな顔をして幼いわたしの顔をじっと見た。

都会生活に少し慣れてくると、わたしの中には野生児の魂が少しずつ甦《よみがえ》って来た。しかし田舎とは違って、追う獲物は猫や犬である。コウモリやイタチは、当時のわたしの実力をはるかに上回っていて、手を出すことができなかった。

昼間は都心で歌を歌い、劇場で劇を演ずる。そして朝夕は近所で猫狩りや犬狩りに熱中する。これは奇妙な組み合わせの生活であるが、わたしの心の中では整然と区別がついていた。それだけではなく、学校は学校で、成績もクラスでは一番を続けていた。

3 野良猫になった少年

猫地図、スズメ地図

疎開先から東京の家に戻って来てからも、自然界への興味は、失われるどころかますます強くなっていった。

わたしの家の縁の下にはイタチがいた。近所には何匹かの野良猫や野良犬がいた。スズメもいるしコウモリもいた。そうした動物の身のこなしの美しさや、生活のたくましさに魅せられたわたしは、自分も彼らのように自由に縁の下を這い、屋根から屋根へと跳びまわり、電柱をかけ登ってみたいものだと本気で思って、日夜修業に励み始めた。

夜明けとともに目覚める。それも目覚まし時計の力など借りずにである。そして目覚めたら、その瞬間に、パッとどこにでも走り去る。そんなことができるようにと訓練したのだ。野生動物ならばごく普通に備わっている能力を自分も身につけ、自ら犬、猫、スズメになろうと子ども心に一生懸命だったのである。

たとえば、猫はどんな所からどんな風に突き落とされてもスクッと足から着地して立つ。そういう技と気品のあるフォームを学びとろうと、〝突然誰かに突き落とされる〟という場面を想定して、近所の塀や屋根の上から飛び降りたものだった。〝自然体〟ということを実感として学んだのも野良猫からである。

ある日、動物は自分で〝自分の巣〟を作るということに気がついて、それならばわたしも作ってみようと、家族があまり気づきそうもない家の裏手の所に穴を掘り始めた。親しい友人のこともちゃんと考慮に入れて、十歳ぐらいの子どもが二人入って充分に休める穴蔵を掘ろうとしたわけだから、当然のことながら、かなり大きな穴になるはずだった。穴掘りで苦労したのは、掘り出した土の処理であったが、その辺はどうしたのかよく思い出せない。多分、縁の下のどこかにこっそり積み上げていったのだろう。八割方掘った時、「家が傾くではないですか！」と母に叱られ、巣の建設計画は中止せざるを得なくなった。

実技の面からの動物への接近のほかに、わたしは彼らをよく観察することも忘れなかった。彼らはどのような場所に、どのように生まれ、そしてどのように育ち、どのようにして生活しているのか。空を飛ぶ生き物の飛び方の微妙な違いや、地面を這う生き物の進路のとり方など、虫・鳥・動物を問わず観察した。家のまわりによく来るスズメなどは、鳴き声で個体を聞き分けられるほどでなくては駄目だと確信し、「きのうあの木で鳴いていたスズメが、今日はこっちの木で鳴いている」などと、一羽一羽が個性を持った生き物として見られるように努めたものだった。意気込みだけは素晴らしかったが、現実は難しく、実力がその領域にまで到達することはなかった。

また、地図というものを学校で教えてもらって、すっかり感激したのもこの頃である。それからは家の庭で蟻《あり》の動きを毎日眺めながら、〝蟻地図〟、すなわち蟻から見た我が家の庭での生活地図を描いたり、生け垣をくぐり抜けて行き来する近所の猫の通り道を示す〝猫地図〟、庭の柿の木の枝を中心とした〝スズメ地図〟、一定の場所を一定の高さで飛ぶアゲハ蝶の交通地図などを、自分が猫やスズメや蝶になった時のためにこっそりと作成しては喜んでいた。

大の本好きであったわたしは、ヨーロッパの童話や日本の物語なども大量に読んだが、生き物の行動が、人間の世界にはどのように理解され、表現されているのかを本で確かめることも大好きだった。そしていつの間にか、「大きくなったら動物学者になろう」と心に決め、その関係の本を見つけ出しては、一人で勉強していった。他方、学校の方はどういうわけかクラスでいつも一番を保っていたところをみると、母親からもある程度は勉強させられていたのだろう。

あごにくらったアッパーカット

わたしは、他の子どもたちのように、機械仕掛けの玩具のようなものを欲しいと思ったことは一度もなかった。自動車や汽車や飛行機には何の興味も持たなかった。そのことは今でも変わらない。

だが、ある年の夏休みの工作の宿題に船を作るという課題が出た。わたしは、何か本物らしき物を作ることが好きだったので、その宿題も、自分が乗って楽しめるほどの大きさの物を作った。しかし、作品を先生に提出する時になって、その船を教室まで運ぶことができなかった。また、飛行機を作る宿題が出た時にも、家のそばの空き地に、翼長が三メートルほどもある大きな模型を古材木を利用して作ったまでは良かったが、結局は学校に持って行くことができなかった。

学校での休み時間は、特に小学校高学年になってくると、走る、跳ぶ、登るなどということに熱中した。その技術は普通の人間のレベルをはるかに超えていた。たとえば、校舎の二階から飛び降りたりした。校舎の二階といえば結構な高さである。自分の身長の数倍はあったろうか。そんな所からヒラヒラと飛び降りながらあたりの景色を眺めていると、猫どころか蝶になってやるぞという気にもなってくるのだった。

ロープ一本をつたって三階から降りる時、知らずにすべり降りて手のひらをロープで焦がして焼いた時の感触、高所より飛び降りた時に膝をそろえていたので自分の膝小僧であごにアッパーカットを思いきりくらった時の目まい、木の枝に逆手でぶら下がって、急激に無理な動きをしたために肩をはずして母に連れて行かれた接骨院での鈍い痛さなどなど、その当時に経験したさまざまな痛さの味を、今でも映画やテレビで登場人物が似たような動きをする場面に出くわすと思い出す。

わたしの家は町の中にあったとはいえ、当時はちょっと裏通りに入り込めば、遊びの途中で自動車に脅やかされるということはほとんどなかった。

わたしの遊びにはお金がかかる道具を使うものは何もなかった。近所の子どもたちとは、〝水雷艦長〟というゲームや〝どこ行き〟という遊びをよくしたものだった。〝どこ行き〟というのは、路上に適当にいくつかの円をろう石で描き、その円の中にいろいろな行き先名を書き込み、やや離れた所に線を引いてみんなでずらりとそこに並んで、手にした石を円に向かって投げ入れる遊びである。自分が行きたいと思う近い場所を狙って投げても、石はコロコロところがって思わぬ円に入ってしまう。全員投げ終えた時にスタートラインにつき、よーい、ドンでそれぞれが指定された行き先まで走っていって戻ってくるのだ。

たいがいの子は近所の家や空き地などを目的地として円の中に書いていたが、わたしだけはいつも、電車やバスで行くような遠い場所の名前を書いたので、その円の中に石が入った子は泣き出してしまったり、みんなと一緒にスタートしても、もうそのゲームには戻って来なかったりすることがよくあった。だが、わたしは、自分の書いた円の中に石が入った時は、きちんとその場所まで行って、数時間後にはちゃんと戻って来たのだった。

小さな褒めことば

子どもの頃に学校で習った先生についての思い出というのは、どこか極端なものである。名前も顔も一切覚えていない先生がいるかと思うと、不思議なくらい明確に記憶に残っている先生もいる。しかも、その残された記憶というのは先生の全体像ではなくて、ささやかなことで叱られたり、褒められたりした時に一瞬見せた先生の顔つきとか、ことばのひとかけらなのである。わたしの場合、叱られた思い出は残っていないが、わずかひと言ふた言褒められたことが、妙にその後の人生を支えているようにさえ思う。小学校高学年の頃には、長田《おさだ》先生と星野先生という二人の先生が交替でクラスを担任して下さった。この二人は性格が対照的で、長田先生の方は大らかで生徒たちとのびのびと遊ぶタイプ、星野先生は温和にじっくりと研究の楽しさを説いて下さるといったタイプの先生であった。

長田先生は、わたしが屋根から飛び降りても怒らなかった。そのかわり、「君は運動神経がいいのかも知れない」と言って、スポーツの話をいろいろして下さった。わたしは、長田先生からは、身体運動には効率の良いフォームというものがあること、運動の練習には効果的な方法があることなどを実感として学んだ。何しろ一緒になって飛んだり跳ねたりして下さったのだ。そこで、わたしの心は犬猫世界から陸上競技などという人間じみたものへも少しは動いたわけである。

また星野先生は、数学の好きな人だという噂を聞いただけで、何か偉い人に思われた。算数の時間には、特に熱心な説明をして下さったはずであるが、そちらの内容は覚えていない。ただある時、いくつかの問題をさせた後に、授業ではまだやっていないレベルの応用問題を出されたことがあった。多分、まぐれ当たりだったと思うのだが、わたしが前の例題から推測してその正解を出すと、教室のみんなの前で、「一を知って十を知るとはこういうことです」と言って褒めて下さった。そのこと自体は照れくさかったが、わたしは〝知る〟よりは〝わかる〟ことの方がいかに大切なのかをつくづくと感じ、何か道が開けたようにさえ思ったのだった。

六年生になると、中学進学が話題になってきた。家では、「せっかく近くに良い中学があるのだから」と言って、私立武蔵高校附属中学（当時の名称）をわたしに受験させることとなった。

学校の良し悪しなどは子どものわたしの関心の外だったが、父に連れられて下見に行ったその学校は、一目で大いに気に入った。なにしろ、校内には武蔵野に生息する昆虫類がすべて集まるのではないかと思えるようなクヌギを中心とした林があり、校庭のはじを流れる小川では、わたしが好きな川の小さな生き物の姿がすべて見られそうに思えた。教室などは目に入らなかった。勉強などは頭になかった。

入試に受かり、四月に授業が始まると、校門前の桜並木は白くけぶるような桜花で埋まっていた。

4

小さな出会い、大きな出会い

教師の子のくせに……

中学校には、顔や背格好がわたしの父に驚くほど似ている漢文の先生がいた。四角い穴を整然と何列にも並べてあけた厚紙の下敷きで漢文のテキストをおおい、返り点を見えなくした孔子の文章などを大量に読まされたが、家に帰った後でも同じことを父にやらされた。他人の空似とは言うが、わたしは忍者分身の術を間近に見たようで妙な気になった。

父は当時は都内の高校の英語教員になっていたが、家でわたしに英語を教えるということは一度もなかった。しかし、学校にはいやな教師がいるもので、試験の点が悪ければ「英語の教師の子のくせに……」とくるし、良くても「当たり前」と言われることが度々あった。ある時、珍しく大奮闘をして予習をし、自分では完璧というところまでやって試験を受け、最高点をとった。その時も「英語の先生の子どもだから」というひと言だけが答案とともに返って来て、わたしは体中が熱くなるほどの怒りと屈辱感を味わった。その後、ほぼ半世紀も経つというのに、その時のことはまだはっきり覚えている。

学校の授業で嫌いなものはこれといってなかったが、特に好きというものも一つもなかった。クラスの雰囲気は、決して楽しいものではなかった。「それに比べて、教室の外は何と素晴らしい世界なんだろう」と、わたしの心は授業をサボって、校庭の林、小川、草っ原の中で跳びはねていた。

カブトムシやクワガタムシ、コジュケイや関東オナガ、イタチやコウモリはどのようにして日々を過ごしているのか、大木に囲まれた広い校庭にはどんな種類の蝶が、どのように分布しているのか、といったようなことならば、わたしは誰にも負けずに説明できる自信を持っていた。しかし、そのような知識は教室で要求されている勉強から見ると一切無意味なことだった。

授業をサボるわけでもなく、非行に走るわけでもないのに、わたしの成績は目に見えて落ちていった。授業中は、小さなナイフを使って、鉛筆を削ってアメリカ・インディアン（現在では、ネイティヴ・アメリカンという）のトーテムポール作りに励んだ。とても細かい細工をしたトーテムポールが、放課後になるまでには手元に残った。数学、物理、化学となると、先生の説明が悪いというわけでもないのに、とてもついていくことができなかった。「これは駄目だ」と、自分の能力が他の級友とは異なっていることを自覚しだし、急速に学校の成績には関心がなくなっていった。

しかし、学校の建物の中でのことに、まったく興味がなかったというわけではない。設備の良い生物標本室、実験室は、わたしにとっては神聖な夢の殿堂のようなものだった。特に本物の顕微鏡というものを自由に使えるというのは大変な感激で、わたしは小川の水をすくって来ては、そこに生息する微生物の世界に入り込んで時を過ごした。単細胞の微生物であるゾウリムシは身近な友だちだった。蝶の鱗粉、ハエの手足、その他何でも良かった。人々が汚いと言うものの中にも、美しい姿形や色をした多様な微生物が住んでいることを発見するのが嬉しかった。バイキンさえもが美しかった。

広がる行動範囲

ひと駅だけとはいえ、学校へは電車通いである。そうなると、ただ体力にまかせて走れる範囲だけが自分の世界であった小学校時代よりも、行動範囲は一気に広がった。

その頃、渋谷に山階《やましな》鳥類研究所という立派な研究所があると聞き、「わたしは武蔵野の鳥類を研究する者です云々……」などという大人びた文面の手紙を書き送った。早々に返事をいただき、おそるおそる訪ねてみた。そこで知り合ったのが、高島春雄先生であった。先生はその後十年ほどで若くしてお亡くなりになったが、野生動物に関しての著書だけを通じて知っていた人物に直接出会い、しかもその後の数年間、直接または手紙でもって生物を観察する方法や、データのとり方などを丁寧に教えていただけたのは感激であった。ただの一人の中学生に向かって、実物の鳥の仮剥製を大きな整理棚から取り出して熱心に説明して下さった長身の優しい先生の姿は今でも目に浮かぶようである。それに加えて、目白の徳川生物研究所にもたびたびお世話になった。こちらの方で教わった話は野外の生物というよりは生物学についてのものだったと記憶している。

新宿から中央線に乗り換えて行く吉祥寺は、当時のわたしにはやや遠い所であったが、そこにある井の頭公園には訪れる場所が二か所できていた。

その一か所は公園裏の玉川上水のそばにあったキリスト教関係の大学（現在は廃校）の寮であった。母方の叔母がそこで働いていた関係もあって、わたしはその寮で二、三泊するのが楽しみだった。早朝、まだ朝露にぬれている野草を踏みわけながら、木立ちの中を昆虫を求めて歩きまわった。今ではその地域では絶滅に瀕しているオオムラサキ蝶を見つけ、心が騒いだ。叔母さんにミリンと砂糖を少しもらい、よくねってクヌギの樹皮に塗っておくと、翌朝にはその場所にカブトムシやクワガタムシが集まっていた。当時は夏の夜には、川っぷちにホタルが飛び交い、早朝と夕暮れにはヒグラシの幻想的な声の中に林がすっかりのみ込まれた。まさにわたしの世界だった。

もう一か所はやはり公園の裏手にあった平山蝶類博物館だった。私立のものにしては立派な校舎風のその博物館には、図鑑でしか見たことがない南米の太陽蝶が何種類も飾ってあって、薄暗い部屋の中で金属的な青白い光を翅から放っていた。台湾の蝶のコレクションは図鑑なみに充実したものであった。その建物の隣が数々の蝶類図鑑の著者で有名な館長の平山修次郎先生のお宅で、わたしはここでも先生と長いおしゃべりの時間を幾度も持った。どういうわけか気に入られ、庭で飼っている蝶の幼虫の世話の手伝いをさせていただいたり、昼ご飯をごちそうになったりもした。空に舞っている蝶だけではなくて、種類によって、それぞれ特定の植物に身を寄せて成長する幼虫時代の蝶にまで、わたしの目を向けてくださったのも平山先生であった。

〝識者の御教示を乞う〟

こうした博物館や、上野の科学博物館、石神井公園にあった加藤正世蝉《せみ》類博物館などに通って、生き物に関しての知識は自分の生活圏である東京から遠い国々や深海、高山などへと広がっていったが、人生に直接響いてくるようなものではなかった。

そんな時に大きな出会いがあった。内山賢次先生と知り合ったのである。

当時、『シートン動物記』という内山賢次訳の本が次々に出版され始め、わたしはその愛読者の一人となっていた。シートンの動物記は野生動物の一般的な生活記というよりは、ある個体、それも英雄のような個体の生涯を中心において、動物たちの生活を描き出す作品が多かった。その点はわたしが共感する世界ではなかった。もうひとつのテーマがアメリカ・インディアンの生活文化となっていた。彼らの自然界への接し方が自分のやり方とよく似ていたので、わたしはどちらかというと、インディアンの生活の方に親しみを感じていた。

そのシートンの動物記の巻末には訳者のあとがきがあり、時々、その中に訳者が調べてもわからなかった単語が載っていた。それを見ると、どういうわけか、わたしには分かるものが多かった。そのうちにインディアンの民話や伝説などを中心とする巻が出て、〝識者の御教示を乞う〟とされた単語が一挙にズラリと並んだことがあった。そのインディアン語の単語がすべて、アメリカの有名な詩人であるロングフェローの長篇詩『ハイアワサ』という作品の中に出ているということが、わたしにはすぐにわかった。そして、神田の古書店街を歩いていた時に買っておいたアメリカ版の『ハイアワサ』の訳注本を見てみると、何とその答えがズラリと並んで出てきたのである。

ハガキにその答えをすべて書き記して郵送すると、早速、丁寧な礼状を内山先生からいただいた。それから一年近く、単語の訳をめぐってハガキによるやりとりが続き、ある時「是非、家に一度御訪ね下さい」とのハガキをいただくことになったのであった。

横浜近くの家にうかがうと、内山先生はわたしが中学生の子どもであることに大いに驚かれたようだった。その後はわたしを家族の一員のようにして下さり、ここでも泊まりがけの交際が始まった。

内山先生の志

内山先生は二十世紀のはじめに田舎の極貧家庭に生まれて、十歳ぐらいの時に町の油屋に売られるようにして奉公に出された人だった。油屋では夜明けから夜中まで働かされ、「小僧には学問などは不要」と、学校にも行かせてもらえなかったそうである。

十代の前半のある日、お使いに出された際に『英語入門』というような古本を夜店で見つけた。その時、「自分も勉強してここを抜け出してみせるぞ」と決意してその本を買い、夜中にこっそり勉強し始めたのが人生の始まりだったという。「なにしろ油屋だったから夜中に起き出して本を読むぐらいの灯油はかすめることができたんですよ」と、笑って話しておられた。ほとんど文字だけによる独学に頼ったためだろうか、先生は翻訳のすばらしさとはまったく違って、話す英語は信じ難いほど下手だった。

内山先生は少年時代に、自分が日本で置かれている状況や人生が定められたものではないことを本で学び、店から逃げ出して上京した。やがて社会主義思想関係の団体に参加したりしながら英語学校にも通い、理想に燃えた文学青年となっていった。しかし、いつも、自分がまともな育ちをしなかったことと、まともに学校を出られなかったことを、否応なしに仲間から気づかされてきたと話していた。

社会主義を語る仲間も、ほとんどすべては良家の生まれの正義派坊ちゃんで、何をしても最後は家柄を持ち出し、学歴で物を言うのがたまらないという気持ちを、先生は強く持っていた。そして、「自分のような不運な子どもを一人でもこの世からなくそう」という気持ちを込めて、それまでの思想書の翻訳から、子どもに夢や勇気を与える話の翻訳へと徐々に仕事を変えていったようだった。「ところが皮肉なもので、貧しい子どものためにやった貧しい男の仕事が、本の大当たりということで妙な富をもたらすことになってしまいましたよ」と、当時は庭付きの家に住んでいらした先生は、草花の手入れをしながらわたしに語ってくださったものだった。

内山先生は特定の思想をわたしに吹き込むということはまったくなかったが、ロシアの小説や東欧の小説を読むことや、魯迅《ろじん》の作品世界に目を開かせてくださったのである。

5

猫少年、オリンピックをめざす

賭け事ギライ

「もうすぐ高校に入ったら本格的な大学受験に備えなくては」という声が、身近のそこここに聞こえていたが、そんな声はわたしの耳には入らなかった。太陽や月の下で、野や林で虫や鳥や小獣をわたしは追いかけていた。電灯の下では、生物学の理論書や外国文学の翻訳小説などを読みふけっていた。そして夜明けとともに起きあがっては、街の路地をいくつも駆け抜け、近所の家々の垣根を飛び越したりして肉体修行を積んでいた。確かに奇妙な組み合わせの行動に支えられた日々であった。しかし、そんな中学時代も終わりに近づくにつれて、自分自身の生活形態のあり方がなんとなくつかめて来た。

まず、団体行動にはあまり近づかない。そうしたことが下手なのではない。わたしにはどんな人間とでもやって行けるという才があるのだが、みんなには簡単なことが、どういうわけかわたしには難しいとか、わたしにはいとも簡単に解決できることが、みんなにはなかなかできないというようなことが多々あって、本当のところは団体行動が煩わしかったのだ。

当時の日本の男の子ならば誰でも夢中になっていた野球を、してみたいと思ったことが一度もない。バスケットボールも体育の授業でさせられたきりである。野球に限らずゲームや旅行なども、グループでするものは学校行事以外には一切参加しなかった。それでも人間は、何の支障もなしに他人とつき合って行けるものである。

もうひとつ自ら近づくことがないものとしては、運やツキに頼る勝負事や賭け事の類《たぐい》がある。幼児期以来の自給自足の精神の延長によるものかも知れないが、自らの命は自らの手で守るという感覚が強い。運というものにまったく無関心である。神や仏や、またはもしかしたら他人が何らかの助けを自分にもたらしてくれるという発想が、わたしには欠如している。幸運を断るというのではない。幸運を期待する気持ちがほとんどないのである。

こんなわけだから、宝くじや各種のギャンブルなどとは、その規模の大小に関係なくまったく縁がない。それどころか、さまざまな宗教についての知識欲は豊富でも、信仰心の方は当時も今も芽ばえてくる気配がない。いや、人間にとって信仰はいかに大切かということはかたく信じているのだが、自分自身はその面に関しては極めて大雑把なのである。

中学放校事件

とにかく、単独行の、それも自分自身の体力や知力に挑戦することならば何でもした。肉体運動としては、走る、跳ぶ、登る、飛び降りる、逃げるなど。知的行動としては、探る、分析する、抽象化する、分類する、判定する、予測するなどが主なものである。今になって考えても素晴らしいと思う試みに夢中になっていたにもかかわらず、学校の勉強は低空飛行を続け、遂に危険信号を超してしまうこととなった。三年生の二学期になると、「君はここをあきらめて、別の学校にでも移り、何かもっと楽なことをした方が良いのではないでしょうか」と、学校から柔らかく退学を勧告されることとなってしまった。わたしの学力は附属高校への進学どころではなかったのだ。学校の方もわたしのような大学受験に不向きの生徒を望んではいなかった。

わたしの家では、他の兄弟姉妹はクラスでトップを争う成績をとっていたので、現代風に言えば、学校のみではなく家族の中でも、わたしは〝落ちこぼれ〟となったわけである。「マサユキはお店の奉公にでも出すかな」と、父母はわたしの不勉強の反省を促すつもりで、こう言っておどかした。しかしわたしの方は、小僧さんの世界にも憧れを持っていたので、親の戦術は失敗した。結局は、わたし抜きでの話し合いで、早稲田大学附属の早稲田高等学院という所なら入試を受けても入れるのではないかということになったようだった。この学校は、現在では入試難関校の一つとなっているらしい。しかし、当時は易しい学校だったと思う。

無事合格し、入学式の日、高田馬場からバスで現在の文学部所在地にあった高等学院に行くと、雑草におおわれた高台の上に馬小屋風の木造校舎がずらりと並んでいた。「早稲田大学ともなると馬小屋も立派なものだ」と感心していたら、そこがわたしたちの校舎だった。

高校に入ったまでは良かったが、成績不良での中学放校という身では、七、八歳の頃から考えていた動物学者になる道も閉ざされたも同然である。わたしは人並みにがっかりした。しかし、根が楽天的なのか、そのために落ち込むということはまったくなかった。

授業は中学の頃とまるで異なった雰囲気の中で始まった。高校の先生というよりは、子どもを前にしてどうしてよいのかよくわからないといった感じの大学の先生方が、思うがままに勝手に授業を進めて行った。

たとえば国語の先生は、教室の中をゆったりと歩きまわりながら、生徒の存在などはすっかり忘れてしまったかのように、手にした井原西鶴《いはらさいかく》の物語を気持ち良さそうに音読してその世界に酔っていた。フランス語の授業というのもあったが、担当の先生は教室に姿を現すなり、黒板にP・エリュアールやJ・プレヴェールの詩を書き、フランスのシュールレアリスム（超現実主義）の動向や、シャンソンの社会的背景などを語っていた。

先生も生徒も、少々行き過ぎと思うほど自由な面を持っていた。生徒はそれを利用して自分が興味を持つ世界に没頭すれば、思いきり自分の力が伸ばせるような良い環境も備えていた。同級生には図体が大きいだけではなくて、話題までもが大人びていて町のオッサンのような感じの生徒がいたり、いっぱしの遊び人風の者もいて、学業一筋という真面目な生徒ばかりだった中学とは少々勝手が違っていたが、みんな結構仲良くやっていた。

そんな雰囲気の中で、わたしは忘れかけていた自分の世界の一部をひょっこり見出す機会を持った。ある日、体育館で本物の器械体操というものを初めて見て、あれなら少々練習すればきっと自分にもできると瞬間的に思ったのである。

猫少年、猿少年などとかつて呼ばれていた頃の体の感覚が、目の前で跳びはね、宙で回転する肉体を見て、一挙に甦《よみがえ》ってきたのかも知れなかった。動物学者にはなれそうもないが、動物には再び戻れると思ったのかも知れない。いずれにせよ、目の前で行われているさまざまな技の多くは、新しく身につけるというよりは、すでにできているフォームを直していけば良いものだった。

大学の体操部に入部させてもらい、他の三、四人の高校生とともに練習を始めると、わたしはたちまちのうちに、大学生選手の仲間に入って練習することを許されるようになった。猫流、猿流の宙返りや逆立ちなどの型から、競技用のフォームに厳しく矯正されて、わたしは特に鉄棒や床運動では大学生選手並みの力を持つことになり、やがて、模範演技などというものにもかり出されて、北海道あたりまで大学生に混じって出かけるようにもなっていた。東京地区の高校大会にも出場し、高校二年の時には、鉄棒で一位、全種目総合でチャンピオンになった。四十年以上も前の話であるから、体操選手の平均年齢も現在よりはずっと高い時代であり、自分だってそのうちオリンピックにというぐらいの気持ちは持てたのであった。

物事に打ち込もうと思ったら、一日、最低三時間から四時間はそのことに時間を割く。これをわずか一日でも欠いたら人間はもう駄目になる。こんなことをまともに信じ込んで、ほぼ二年間ぐらいは、正月も盆も年の暮れもなく、酷暑の日も冷え込みの厳しい朝も、練習に励んだ。旅行先で近所の小学校や中学校の校庭を使っての一人練習、正月や祭日のガランとして薄暗い体育館での一人練習など、言ってみれば、まるで練習中毒にかかったようなものだった。子どもの頃のように肩をはずすとか、頭を切るとかいうことはなかったが、マメがつぶれて皮が無残に破れた手のひらに、ハアハアと息を吹きかけて痛みをこらえる毎日だった。たった一つの動作ができない。それがやっとできるようになっても、自分としては満足ではない。その一つの動作と闘い続ける。涙が出る。他人は、そんなことはもうできているからいいじゃないかと言う。しかし、自分では納得がゆかない。気がすむまで挑戦する。わたしが運動の練習で得た貴重な体験だ。

幻の著書

もっとも、生活のすべてが体操になってしまったというのではない。授業や宿題をすっぽかしたことはなかったし、個人的な読書、研究の方も以前と同じように続いていた。

フランスやアメリカの現代詩、それにロシア小説などについての知識もかなり増えたが、他方では中学時代から続いていたアメリカ・インディアンの民間伝承の研究にも深入りした。高校一年ともなれば、中学入試の頃よりも行動範囲が広がっていく。神田の神保町古本屋街をうろつき、貴重な外国の研究文献をタダ同然の値段でいくつも見つけた。内容が良くわからなくても買ってしまったものもある。なにしろ、店の前に一冊十円、二十円で売っているクズ本の中から見つけたものなのである。それが、今となっては自分の仕事の上で重宝している文化人類学や言語学の本となった。また、当時は東京の芝にあったアメリカ文化センターの図書館に行けば、ある程度の研究書が見られることもわかり、時間を見つけては本を借りに出かけていった。

高校二年の頃、小さな出版社を経営しているKさんと、ふとしたことから知り合いになった。Kさんは結核療養中にシェリーの訳詩集を出した人で、退院後はロマン・ロランの作品やタゴールの詩集といった類の〝精神の本〟を自分の会社で出す計画を持っていた。

そのKさんが、すでに三百枚ほど書きためてあったわたしのアメリカ・インディアンの口承詩の翻訳と解説原稿を見て、それを出版しようと言い出した。この本は活字広告まで出たのだったが、わたしの方に欲が出て、もっと手を入れたいなどと頑張ったために、結局は二年、三年の時が経ち、出版はされなかった。もし出ていれば、中学の頃にカエル皮で表装した手製の自然観察書を作って以来の二冊目のわたしの本になるはずのものだった。

体操は自分の体を鍛えるためのスポーツとしてやった。しかし、選手ともなればそうもいかない。大学に入ればチームの一員として、また本業に近いものとしてかかわっていかなければならないことは目にみえていた。それには耐えられそうもなかった。わたしの世界から縁遠いことでもあった。結局、「体操をやめよう」と思い立った。

高校三年の二学期になると、練習時間は急速に読書の時間に切り替えられていった。

6 驚異の〃二重時間割〃編み出す

政経学部入学の論理

スポーツに読書に明け暮れた高校生活が終わりに近づくと、身辺ではわたしの大学進学の話題に力がこもってきた。

当時、わたしが通っていた早稲田高等学院は現在の早稲田大学の文学部校舎のある場所にあった。そこでの学生生活は、まったく自由気ままといった調子であったので、学校はすこぶる居心地の良い所だった。この校風は、思えば、学校が意図的に用意してくれたものではなくて、校則やら規則やらがまだ固まってない時期であったので、自然にそんな雰囲気に包まれていたのだろう。サボろうと思えばいくらでもサボれた。何事かに打ち込む気力のある者にとっては、そこは非常に有難い所でもあった。

そうとはいえ、ほかではあまり耳にすることがなかった高校落第生というのも多くて、四年、五年と学院生活を送っている同級生も少なからずいた。それに、大学の附属校だからといって、そこを卒業しさえすれば早稲田大学の望みの学部に進学できるというわけではない。大学で定めた受け入れ人数枠より希望者が多い学部の場合は、当然、進学競争率も高かった。

わたしの家では、父親が独特の教育方針を持っていた。我が家の三人兄弟は、理工科に入れない場合は経済学科に進学するものと定まっていたのである。商学部も法学部も駄目。ましてや、文学部でフランス文学やらロシア文学やらを学ぶなどということは問題外である。小説などは家で寝ころんで暇な時間に勝手に読めというわけだ。父のこの発想がどんな根拠を持っているのか、わたしにはいまだにわからない。しかし、どういうわけか、わたしもその進学方針は正論だと思っていた。

すでに、長兄は東大の経済学部に、次兄は早稲田の政治経済学部の経済学科に在学中だった。それならば、政治経済学部という所に入ったならば一体何を勉強するのか、ということぐらいは兄たちに尋ねておけば良かった。しかし、わたしはただ単純に、「自分は政治経済学部に入ればよい」とだけ考えていた。そして、「そのためにはクラスの十五番内ぐらいに入っておけば大丈夫」といった程度の進学意識しか持ってはいなかった。五十人強のクラスで、六人に一人くらいの入学許可がおりるのならば、計算上ではクラスの八番より上位にいなければならない。しかし、成績が良くても、同級生の中には政治経済学部以外の学部を狙っている者も何人かはいるはずだから、わたしの計算で充分に成り立つのではないか、ぐらいに思っていたのだった。

西江家の食卓論議

受験勉強などというものは一切知らず、気にもせず、人生のあの時期を過ごせたのは幸福である。義務教育を終えたうえに、大学に進学できる環境にいられたということは、今思えば贅沢でもある。

父は、遊び・娯楽の類はまったく知らない人で、ラジオ番組も聴かないし、飲み友だちも持たなかった。学問に励むというのでもなく、学校教師としての任務を滞《とどこお》りなく遂行することが生き甲斐であるかのように、いつも机に向かって授業のための勉強をしていた。父の自慢話として覚えているのは、子どもの頃に兵庫県から単身上京し、都会者に負けてたまるかと心に言い聞かせて、下宿では寝相の悪さを見せないように身体を帯で縛って寝る練習をしたということと、一生懸命勉強して早稲田大学を一番で卒業したということぐらいである。昔流に言えば、二宮尊徳《にのみやそんとく》のような人だった。

父は、仕事が終われば夕方には帰宅し、朝は決まった時間に規則正しく出勤した。したがって食事は、昼食以外は朝も夜も家族みんなでとることが普通だった。食事中の会話は、いつも国際政治論議だった。主導権は兄二人がほとんど握っていた。わたしは、家の中の会話で、世間的な話題に接したという記憶は一切ない。とにかく、世界平和について、反戦について、ソ連、中国、アメリカ、マルクス主義などについて、解決がつかない話が食卓の上で飛び交った。

わたしはもともと正義とか知的であることの正当性といったようなものには無関心である。明確な理由はないが、〝正義〟という言葉を耳にすると、ある種の恐ろしさを感じてしまう。政治論というのは、科学者の話と違って、理論的には追いつけない人々をも含む包容力を持つ理論でなければならないとわたしは信じている。ところがその種の議論の裏には、ある種のイデオロギーが理解できない者は、人間として駄目であるといったような発想がどこかに潜んでいるようで気になった。あまり他人の考えに反発心を持たない性格のわたしとしては珍しく、そうしたことに嫌悪感のようなものすら感じていた。食卓論議ではもっぱら聞き手ではあったが、それでも勉強になったことは確かである。

家にいるときは、食卓討論会の時間を除くと、隣の部屋からはピアノの音がいつも聞こえてきた。ピアノを教えていた母のお弟子さんたちが、入れ替わり立ち替わり練習曲を弾いていたからである。門前の小僧ナントカと言うが、田舎に疎開していた三年ほどの幼児期を除けば、毎日毎日、朝から晩まで、家で一台、二台のピアノから流れ出てくる練習曲を耳にして育った。演奏技術こそ、自ら逃げまわって身につけることなく成長したが、体の中は骨の髄までそうした曲の旋律が浸みこんでしまっているに違いない。

〝学院〟出身の苦汁

学内試験に受かり、いよいよ経済学科に行くことが決まっても、そのために何か準備し始めようという気がわたしには起こらなかった。以前ならば、わたしは常に、次の学期に学ぶ予定の教科書や参考書などには何らかの形で目を通す習慣があった。それが、進学を間近にひかえても、本屋に行けばいくらでも売っている経済関係の本のタイトルにすら目を向ける気が起こらなかった。あえて避けたのではなく、まるで関心がなかったのである。

そんな調子で大学に入ってしまったので、見知らぬ学生たちと一緒に教室に座っても、学問的雰囲気などというものに浸ることもなかった。授業が始まって、「これはまずい」と思ったのは、数学系統の科目だった。当然と言えば当然だが、入ったのは経済学科だから数学は必修だったのである。それに当時はアメリカ式の経済学も流行し始めていた時期で、ある程度の数学を使う授業を、他にもいくつか必修科目としてとらねばならなかった。

わたしは高校に入って以来、数学の本などまともに見たことがなかった。大体、早稲田高等学院というところは、入学時から理科系志望と文科系志望のクラスに分かれていて、文科系にいたわたしたちには数学などはできない方がかえって偉そうに見えた。数学というものがこの世に存在することすら忘れかけている連中も多かった。そんな背景を持つわたしたちの前で、授業中、先生が黒板一面にΣ《シグマ》やらπ《パイ》やらの入った数式を書き並べて、何やらわからぬことを話し始めたのである。わたしの席の周囲にいた一般受験入学者たちは、授業が終わると「難しいなあ」などと互いに話し合っていた。しかし、わたしは困った。何が難しいのかすらわからないのだ。黒板に書かれているものは、わたしにとって数学ではなくて、単なる絵画に過ぎなかった。だが、学院出身の友人の中に似た者がいるのを見出すと心強く感じていた。

その後、できない学生がいると、「君は学院だな！」と、先生にたしなめられることとなったが、確かにできの悪いのも学院生だが、クラスで一番というのも学院生だったように思う。

二週間ほど過ぎて、授業の正式登録を行うことになると、わたしは必修科目を除いては、実用ではなくて理論系統のものばかりを極力選択することにした。その方が点がとれて、卒業の可能性がありそうに思ったからだった。そんなわけで、在学中は会計とか金融関係とか、実生活に役立つ科目は一切とらず卒業することとなってしまった。経済史、原論関係、思想関係、それに他学部聴講として法学部で国際法、日本国憲法、外交史などの授業に出席して、世間体よく言えば、〝実用より教養を重視〟した勉強に励むことになったのである。

しかし実をいうと大学の二年の頃、一時期だけ余計なことを考えたことがあったのだ。わたしのような者は卒業しても、会社員には向いていない。それならば外交官になってみようかと思い立ち、しばらくの間、外交官の試験に備えての勉強をした。そんなわけで、日本国憲法とか国際法などという科目を選択する気になったのである。

外交官試験の受験勉強はいい線までいっていた。しかし考えてみれば、外交官という職業も、わたしのような自分本位の世界に生きている人間には適していないことがわかってきた。自分の意志や思想は捨てて、国家や支配政党のお偉方の意見を自分の意に反して代弁する仕事はどうもできそうになかった。それに社交界という場所も、わたしには苦手だった。外交官はやめにした。

外国語は勉強し過ぎても死なない

話を入学時に戻すと、わたしの毎日の行動範囲は、学校では、教室と学生会館とフランス文学研究会という文学研究サークルの部屋内に限られていた。そして放課後になっても、家庭教師先の家の中とわたしの家の中だけという具合だった。移動の時間の合間には、読み書きのしやすいコーヒー屋（当時は喫茶店とは言わなかった）にもよく入った。世間的な遊びは一切しなかった。当時、男の学生といえば、昼と夜はマージャンに熱中し、それが終わると巷の一杯飲み屋で政治論や芸術談義に花を咲かせ、早慶戦の時には新宿あたりでとことんまで騒ぐというのが普通だった。しかし、わたしはマージャンとも野球とも無縁だったので、その実態はまったく知らない。

大学入学に際して、目標としてあげたことといえば、二、三年間のうちにいくつかの外国語を独習してみるということであった。

いくつかの外国語を学んでみようと思い立ったのは、アメリカ・インディアンの口頭伝承や、ヨーロッパの詩などに熱中していた中学や高校時代の単なる延長としてということではなかった。

日本語以外の言語を通して、未知の世界に入り込みたいという気持ちもあった。外国詩の訳文を読んでいると、アッと驚くような新鮮なイメージを与えてくれる言葉に出会うことがあるが、それは、本当はその言語の世界ではごく陳腐な、ありきたりの言いまわしなのではないかということを、異なった文化を持つ地域のいくつかの言語を身につけることによって確かめてみよう、などと妙なことも考えたわけである。

しかし、わたしの外国語事始めのきっかけをつくることになったのは、多分、ある時ある場所で聞いた「外国語を身につけることは、限りない財産を手にすることだ。それに、外国語を勉強し過ぎて死んだ人はいないから、安心してやりたまえ」という言葉だったと思う。

わたしは三男坊である。そのうえに我が家ではできが悪い息子である。家もたいした資産があるわけではない。そうなれば、わたしなど受け継ぐことのできる資産などは何もない。いずれは、一人で無一文で世間を渡って行かねばならないことは明らかだ。こう考えると、たかが外国語の一つ二つを身につけるだけで、〝無限〟はオーバーだとしても、何がしかの自分の財産になるかも知れないということは心強いことである。

それだけではない。いくら勉強しても生命に別状はないだろうということは、確かに魅力的であった。実際、高校生活の半分を費やしてしまった体操の練習の場合は、練習をするための場所や時間の制約を大きく受けた。その制約の中で、一定時間、練習するわけなのだが、手のひらのマメがつぶれていたり、皮がベロリとむけてしまっていたり、脚の筋肉が硬くなって痛んでいたりという状態で、身体的にかなり苦しいことがついてまわった。それに、ちょっと間違えたら、大怪我をしたり、命を失う危険すらあるわけである。

それに比べて、外国語の勉強などというのは、遊びのようなものだと思った。時間も場所も特別なものを必要とはしない。夜中の布団の中でも、電車を待ちながらのベンチでもかまわない。やり過ぎれば自然に疲れを感じてくるので、適当に休めば良い。動詞や形容詞の変化を間違えても腕の骨を折るなどということはない。いやになれば自然に眠くなったりして、体の方で適当な時に学習をやめてくれる。こんな便利なものはない。こう思うと早速、わたしは毎日の外国語勉強スケジュールを作成し、それを実行に移したのだった。

人間は怠惰なものである。そこで、自分の意志を超えた拘束を自らに課すことにした。そのためには授業科目をできるだけ多くとり、授業を休まずに出席する。そして授業中はその科目とは別の自分の外国語勉強に励む。すなわち〝二重時間割方式〟というものを編み出して勉強し、その他の時間は学生会館の片隅の机で復習するという日々を送ったのだ。こうして始めたのが、インドネシア語やハンガリー語、アラビア語、中国語という、これまた雑多な選択の言語だった。わたしはまたもや、実用にもならないことに凝り出したのである。

7 芸術論は新宿飲み屋街で

〝芸術家〟と呼んでほしい

体操部をやめて早稲田大学に入っても、高校時代の絶え間ない訓練の結果として身に浸み込んでしまっている感覚というものは、そう簡単には消え去るものではなかった。

大隈重信の銅像がある広場に立つと、なぜか無性にそのセメントの上の四角い空間の中で宙返りしたくなって、実際に試みてみたり、校舎の屋上の角のへりにつかまって逆立ちをして、叱られたりした。誰かに見せるためにしたというわけではないのだが、見ている人というのはどこにでもいるものである。「命をもっと大切にしなさい」と、たしなめられた。

「高い所では、自由が利かない足裏で身を支えて立つよりは、万が一の時には身近な物につかまることができるように手で支えた方がずっと楽で安全なのです」というわたしの弁明は、下界の素人にはとても理解されるはずがなかった。

四月の終わり頃、わたしは〝フランス文学研究会〟というものに入った。特にはっきりした動機があったというわけではない。多分、新学期の部員勧誘か何かに行き当たり、文学とフランス語が好きだったわたしは、何となく気の向くままに入ってしまったのかも知れない。図書館の前に学生会館の建物があって、そこには何十かの部屋があった。そして、その三階の小部屋の一つが仏文研（フランス文学研究会）の部屋となっていて、そこがその後のわたしの大学生活の拠点の一つともなったのである。

当時の研究会には、音楽と美術を除く芸術の各分野の愛好者が集まっていた。もっとも、愛好者などという単語は、当時、仲間に向けては決して使ってはならないものであった。他人から芸術を愛好するなどと言われるのは侮辱であると信じている風潮があったので、あえて呼ばれるとすれば芸術家と言ってほしいというようなところが皆にはあった。当時の言葉で言えば、芸術にアンガジェ（加担・参加）していたのである。

部の実働人員は十数人しかいなかったのだが、その中には、世界の芸術は自分が背負っていると盲信しているような者も何人かはいた。とにかく、よく勉強していた。そんな仲間の中でわたしにも新しい世界が次々に開けて来た。

サルと演劇が苦手

翻訳本が洪水のように出版され、洋書屋には新刊本があふれている現在からみると、当時の芸術関係資料などというものは、たいして数が多くはなかった。それでも神田の古本屋などを歩けば、第二次大戦前後に日本で出版された作品やヨーロッパで出版された思わぬ本が、比較的簡単に掘り出し物で安く手に入った。その数年後、金が欠乏して困っていた時に、古本屋に安くたたかれて買い取られてしまったが、日本やフランスの詩集の初版本などは、この時期に買ったものだった。

さまざまな芸術ジャンルの中で、どういうわけかわたしは演劇にだけはどうしても興味が持てない。日常生活でも、いろいろと細やかに演技をしながら暮らしている人間が、舞台の上であらためてその人間を演じ直しているのを見るということが、何か照れくさいのかも知れない。蛇足だが、大変な動物好きであるはずのわたしなのだが、サルだけは見ていると気が落ちつかない。演劇同様、サルの行動を見ているとあまりにも生々しい人間の姿がサルの生身の肉体《からだ》を通じて現れ出ており、自分が人間であることの気恥ずかしさを感じてしまうのだ。

もっとも、演劇好きの人の多くは、舞台を見ることよりも舞台に上がることの方に興味を持っているようだ。いろいろな役を演じていろいろな他人となる。言ってみれば、役者になるということは、何種類もの人生を我が身ひとつで生きるということである。なるほど、それは確かに興味深い。わたしが幼い頃に犬や猫になっていろいろな動物の生涯を送ってみたいと思ったことにも一脈通じるところがある。

しかし、重要な違いが一つある。演劇の場合はその姿を他人に見られることを前提としているということだ。わたしのように、まったく自分自身の喜びのためにだけ他者になろうと思うならば、やはり役者ではダメである。まあ、忍者にでもなるというのならば話は別なのだが。

他人そのものではなくて、他人が作ったものを見るとなると、わたしはむしろ虚構が好きだ。文学や映画は、演劇と比べればその抽象度が違う。抽象度が高いということは、個々の現実例とは少しずつ異なっている部分を持っているということだ。別の表現を借りるならば、ずっと嘘らしいということである。その虚構性においては、映画は演劇に似ているようでも、実際にはむしろ文学に近い。

現実の世界から自分が必要とする意味だけを拾い出し、それを言葉なり映像なりで思うがままに組み立てて、一つの虚の世界をまことしやかなものとして人々の前へ提出する。優れた嘘はすっきりとしたものである。つまらない場合もあるが、感動的なことも多い。真実というものも、その中に見出される。わたしが好きなのはそんな点なのである。

ある役を演じている俳優のことをなまじっか知り始めてしまうと、映画はかえってつまらなくなってしまう。「この作品での彼の演技は良い」などという言葉が出始めたら、本当は、すでにどこか横道に入りかけているのではないかとも思う。それは極言するならば、小説を読んで感想を述べるのに、その本を作った製本屋や印刷屋の家庭の事情を話し始めるようなものであると言えよう。

しかし、現実はなかなかそう純粋にはいかないものである。

ミニ・サークルの愉快な面々

仏文研では、わたしは現代詩と映画の二つのグループに参加することになり、読書会で原書を読んだり、新宿や有楽町に映画を見に行ったりして、その後はコーヒー屋で仲間と時を忘れて作品について微に入り細に入り話し合った。アポリネール、ブルトン、マヤコフスキー、ロルカ、などといった人々の名が一度も出ないという日はなかった。そういう場に日に何度も接していると、余計なことが身についてくるのも避けられない。

マルクス主義は言うに及ばず、実存主義についての耳学問も豊富になってくる。何しろ、サルトルの名や実存主義という言葉を口にしなければ、日常会話も続かないというような者も周囲には多かった。ダダイスム、シュールレアリスム、構成主義、表現主義、未来派等々、フランス、ロシア、ドイツ、イタリアなどで二十世紀に生まれた〝〇〇主義〟にはひと通り目を通し、映画の〝新しい波《ヌーヴェル・ヴァーグ》〟にも心を洗われて、いつの間にか芸術論風の話題を論じることだけは達者になっていった。

学生時代を通じて、仏文研で最もわたしの身近にいた仲間たち、ということは、ともに新宿の裏街をほっつき歩き、安い飲み屋やジャズ喫茶で夜を徹して芸術論議を交わし合った人々は、十人にも満たないはずである。

それがその後、卒業後に皆にうらやましがられて朝日新聞社に入社したのに、わずか数か月で下宿の風呂のガス漏れで中毒死したS君一人を除いては、全員が現在も文字にかかわる仕事をしているというのは愉快なことである。ある者は文字で文学を、ある者は文字で宣伝文を、ある者は文字で論文を書いている。文字が実生活と直結したということを別とすれば、みんな学生時代と相も変わらぬ生活をしているということなのだろう。

何人かが大学のフランス語の教員になった。同じく詩の仲間である上田雄洸《かつひろ》は白水社に入り欧米の新しい文学の紹介出版に活躍し、高野民雄も博報堂で映像と言葉の作品作りのベテランとなった。鈴木康之（現在は鈴木志郎康《しろうやす》として活躍）はH氏賞受賞詩人として、阿刀田高《あとうだたかし》は作家として活躍中である。佐々木孝次《たかつぐ》は大学院の途中から精神分析へと道を変え、その分野の専門家になった。今流行の言葉で言えば、確かに、個性ある面々が集まっていたミニ・サークルだったわけである。

学生会館の中で、わたしは仏文研の活動をしていただけではなかった。毎朝早朝、七時半頃、守衛さんが入口を開けたばかりの建物に一番乗りし、食事休憩用の中二階にある学生机に陣取って外国語の独習に精を出した。

ハンガリー語とか、インドネシア語の入門書を古本屋から買って来て、そのような言語を実際に聞くことなど一度もなかったのだが、毎日の予定表を立てて自習した。

そんなことをしていくつもの言語を学んで過ごしたが、今ではまるで記憶に残されていないものも少なくない。しかし、その時代に得た未知の言語に対する勘のようなものは、その後のわたしの海外生活で、学問とは別の意味で大いに役立っていることも確かである。

その当時、わたしはその中二階で新しい友人も得た。その中の一人が、現在はロシア語の分野で活躍している水野忠夫である。わたしが毎朝、中二階で机に広げたテキストを読んでいると、後からその部屋に入って来て、わたしの前の席に座り、分厚いロシア語の本をじっと読みふけっている学生がいた。その厚い本をめくった側のページが、毎日少しずつ厚みを増していく。着実に読んでいる証拠である、そんなことが何週間も続くうちに、お互いそれとなく挨拶を交わすようになり、ある時話してみると彼はロシアの詩人マヤコフスキーの研究に熱を入れているということがわかった。マヤコフスキーはわたしもまた最も気に入っている詩人の一人であったことからすっかり意気投合し、ロシア・フォルマリズムなどという、当時ではまったく流行しなかったどころか、そんなことに首をつっこむのは反動的であるとさえ思われたことにも深入りしていくようになった。

結局は、その時の縁がその後も続いている。彼もまた早稲田大学のロシア文学の教師となっており、現在は、大学の中では最も親しい友人の一人である。

バンカラとチャイナドレスのワンさん

大学の授業の時間割に登録した科目に重ねて、自分の外国語独習計画を書き込み、授業中はもっぱら自家製の時間割の方に従うという〝二重時間割〟制も、入学以来ずっと続けた。途中、外交官試験を受けてみようなどという脇道にもそれたが、基本的にはアジア、アフリカの言葉を身につけ、その文化を知るという目標をくずさなかった。

当時の第一政治経済学部には、多分、二百人に一人の割合でしか女子学生がいなかったと思う。そんな中に香港から王《ワン》徳貞という女子学生がクラスに入って来て、英語の先生から「日本語がほとんどできないから、君が何かと世話して下さい」と頼まれた。ワンさんは、香港から来たといっても大陸出身者で、言葉は北京語を話していた。どちらかといえば、当時はバンカラな風潮が残っていたクラスの中で、中国服でピタリと細い身をつつみ、服のすその割れ目からチラチラと太ももをのぞかせているワンさんの存在は、クラスの中では目立つというよりは極めて場違いな感じがした。わたしとの会話には英語を使っていたが、わたしの注文に応じて中国語を教えてくれるのにも熱心だった。わたしは学生時代に魯迅の作品を原文で読むということも志していたので、その機会を大いに利用した。実際、漢字を見ると即座に中国音で発音するという練習をし過ぎたので、一時期などは日本語の新聞や本をまともに音読することが困難になったほどだった。

ワンさんについては面白い思い出がある。彼女が第二外国語としてとっているフランス語の試験にそなえて、わたしがヤマをかけた箇所の日本語の訳文だけを丸暗記するようにしむけたことがあった。するとワンさんは出題の箇所とずれている、すなわち問題に出ていない所までの訳文を答案に書いてしまったのである。「君のは語学の勉強ではない」と怒った先生に彼女は呼び出された。

頼まれてわたしは一緒にS先生のお宅に行った。だが、日本語も充分ではない留学生だということがわかると、先生は案外親切な態度を示して下さった。しかし彼女は、そんなことには見向きもせずに、たどたどしい日本語で、点をくれなければ先生の首を切るとまくし立てて、遂に点をもらうことにしてしまったのには、感心したというよりは、いつものおとなしさの底に意外な強烈さを見出して、少々恐ろしくもあったというのが正直なところである。

また、〝縁は奇なるもの〟という言葉があるが、こんなことも何かの原因になったのか、S先生はわたしを気に入って下さって、父を通してわたしを養子に欲しいと言い出した。S先生には、お子さんがいなかったのである。もし、あの時、わたしがその話に乗っていたら、わたしのその後はどうなっていたか、想像もできない。

ワンさんを通じて、早稲田大学に留学している多数の中国系の男女学生と知り合うようになった。彼らは香港、台湾、シンガポール、フィリピン、サラワク（ボルネオ島北西部のマレーシア領）などの出身者であったが、わたしは彼らとのつき合いを通じて現実の政治問題の難しさを垣間見た。

大学を卒業する頃に、ワンさんは日本在留の裕福な中国人と結婚した。わたしはその結婚式にまで呼ばれたが、その後は彼女の方に学生時代の友人たちを避けるような雰囲気が出て来たし、わたしの方も国外に出かけることになってきて、その後は今日まで一度も出会う機会がない。近況を聞いてみたい学友の一人である。

8 シュールレアリスムの女たち

風月堂の指定席

新宿の裏街は、わたしの大学時代の重要な拠点の一つであった。

授業と友人たちとの芸術研究、そしてさまざまな国からの留学生との外国語を通じてのつき合い、それに加えての多数のアルバイト、と、こんなことを列挙しただけでも一日の二十四時間が消えてしまいそうに思われるかもしれない。しかし、この上にさらに、新宿通いが昼となく夜となく待ち受けていたのである。

当時、新宿の三越デパートの裏手に風月堂という名のコーヒー屋――わたしたちは喫茶店とは呼ばなかった――があり、そこには、他称、自称の文化人や芸術家がたむろしていた。わたしもその店の常連だった。

一九五〇年代の終わりである。わたしの周囲の人々は、その時代を口にする時は、必ずと言ってよいほど〝安保前〟というような表現をする。しかし、わたしには心の中で安保が感慨を伴って特別に響くということはない。

風月堂という所は、小型の体育館の中に駅の待合室風にズラリと椅子と机を並べただけというような店だった。高い天井まで続く吹き抜けの広い一階の片側に狭い二階がくっついていた。店内では、あたりの席に腰をおろした未知の人に、適当に話しかけたりすることも普通に見られた。話が始まれば、それが音楽論や文学論に展開することも通常の成り行きで、話題のレベルや内容のハッタリ加減を黙認すれば、みんなやたらと張り切っていた。

店は、クラシック音楽の立派なコレクションを持っており、音楽通の客のリクエストが早朝から幾曲もプレーヤーの前にたまっていた。順を追って西洋の古典音楽が絶え間なく鳴り続けた。当時は、ＬＰ盤やテープでもって、名曲を個人的に家で楽しむなどということは普通の人にはできなかった。そこで、ざわついた駅の待合室のような所でも、ファンは熱心に通って来たのである。

人の行動というものは、案外一定したものである。別に指定席があるというわけではないのだが、常連たちが占める場所、常連の中の特定の人物が座る席というのもおよそ定まっていて、店内の様子は何か月通っても変化が見られなかった。

黙りこくって譜面をにらんだきりのクラシック狂の席、客に音楽論議をふっかけるために出勤して来ているような学生の席、文学知識を誰彼見境なく話しまくる中年男の席、自分の家柄と育ちを他人に話して優越感を味わうことだけが生きがいのような老人の席などと、それぞれが自ら決めた指定席を持っていた。

わたしの席は、二階の一番奥にあった。そこには本を広げて物を書くのに充分な広さの机があった。適度な音量の音楽、一階席で展開されるさまざまな人間模様、背中側の窓の下を行き交う新宿の通行人、それにコーヒー一杯でいつまでも居続けることが許される店の客扱い、とこんなところが気に入って、わたしはいつも一人でそこにやって来て、読書と原稿書きに精を出していたのだった。

三、四十席はあった二階は、文学や美術に関心がある常連で占められていた。普段、彼らは自分たちの世界の中に閉じこもっていたが、互いに顔見知りにはなっているので、気が合いそうな者がいたら、隣席には座らないまでも、わざわざ話しかけに出向いて行ったりもした。わたしのところにも、質問に来たり、友好を求めて来たり、芸術論の挑発に来たり、一方的に自己主張するためだけに寄って来たりする者がいた。

わたしはその場限りの会話には大いに打ち込んだものだったが、「この続きは河岸を変えて、一杯飲みながら」などという誘いには絶対に乗らなかった。別の場所までつき合いを広げることから起こり得る厄介事は容易に推測できたし、そうしたつき合いを持たないからこそ皆との仲を長く続けることができるものだということも理解していた。

その種の厄介事とは、言うまでもなく、金銭の貸し借り、好ましくない依頼、つまらない人間関係のゴタゴタなどを巡って出てくるものである。実際、ある文学青年は、気の弱さがたたって、ささやかながらも麻薬の売買に巻き込まれ、その後数年間は自由な生活を失った。金をだまし取られた、妙な言いがかりをつけられて悩まされた、というのは当然のことながら多かったが、そんなことがあったと偽って、わたしに金銭的な救済を求めてくる手合いも少なくなかったのだから、やはりほどほどのつき合いというのも必要だったのである。

「わたし、カワイイ?」

店内での知り合いのうち、思い出に残る人物が女では三人いる。ただし、その三人が会話を交わしているところは見たことがない。近くに席をとっていてもお互いに牽制し合い、どちらかというと避け合っていたのである。多分、各々の知のあり方に受け入れられないところがあったのだろう。

一人はいまだに名も知らない。三十歳近くに見えた小柄で目立たない服装の女性だった。いつもうつむき加減に詩の本を読みふけっていた。それから時々顔を上げると、非常に鮮明なイメージを持っている言葉を独り言のように発した。「頭がすごく良い人だ」という噂もあったし、「頭がおかしい」と言う者もいた。彼女は、自分から話しかけるべき人を選んでいた。芸術家風の若者の中には、彼女に声をかける者がいたりしたが、彼女の方は返事どころか、その声の主の方に顔を向けることすらせずに無視したままだった。

そんな彼女が、いつの頃からか、どういうわけかわたしのところへ来て詩の話をするようになっていた。しかし、話題は十分間とは続かなかった。それというのも、いつも決まって話の途中から、彼女の目の前には美しい草原が広がってくるらしかった。そこには男の子が一人いて、彼女の会話はその子との対話になってしまうのだった。そこには、もはや、わたしなどはいなかった。周囲の喧騒もなかった。すがすがしい空の下の草原で、彼女は、少年と二人だけの世界に遊んでいた。彼女が、その店に一年半いたのか、それとも二年もいたのか、今は思い出すことができない。ある日その姿が消えてから、その後の消息を耳にしたことは一度もない。

もう一人の女はK子といった。二十代の半ばに見えた。白いブラウスに黒っぽいフレアスカート、肩までかかる素直にのびた髪、知的な顔立ち。その女の名前を教えてくれたのは、周囲にいた人々だった。「K子は変わった女だ」「敵打《かたき》ちだ」「脳梅《ノーバイ》だ」などと人々は言った。K子はいつも階段を上がりきったところに自分の席を定めていた。そこから獲物を待つ蜘蛛のように、じっと階下を狙っていた。そしてガイジン——ということは欧米系の人物を指すが——の男が店に入って来ると、表情をサッと変え、何やら品定めのようなことをするや否や、階段を降りてまっすぐにその人物に近づくのだった。それから何事か話し始め、二人で店の外へと消えて行った。

わたしはガイジンたちとも話すことが多かったので、彼らからK子のことをいろいろ聞かされた。「彼女はタダだ」と、ガイジンの間では名が知られているとのことだった。K子はコトの前に「わたし、カワイイ?」と尋ね、コトの後には必ず泣き、「もういいのよ。あなたとは二度と会わない」と言うのだとも話していた。「面白い娘だ」とガイジンたちには評判が高かった。

K子がそのような行動をとっているのは、ガイジンに対する怨みゆえだと説明する日本人もいた。わたしにはその真相はよくわからなかったが、心には痛みを感じた。だが、それは映画のスクリーンに見る人物への痛みと同様に、当人に直接確かめてみることができるものではなかったのである。

彼女も、わたしとは口をきくことがあった。それなのに、話の内容が何であったかよく思い出せないということは、特別な芸術論や人生論といった類のものではなくて、ごく普通の日常会話だったのだろう。彼女には、その後十年ほど経った初夏のある日の午後、雨が降る路上でバッタリ行き会った。その人物がK子であると気づく前に〝ボロ屑〟という言葉がわたしの脳裏をかすめた。それほどの変わりようであった。彼女の方はわたしが誰であるかを見分ける力も持っていなかった。

それからしばらくして、ある一杯飲み屋で出くわした風月堂仲間から「K子が最近死んだらしい」という話を聞いた。死んだのは病院だ、いや行き倒れだ、といろいろな解説が入った。しかし、すべてが〝……らしい〟である。それはいかにも風月堂らしかった。

エメちゃんの真実一筋

もう一人、エメちゃんと呼ぶ女の子がいた。十八、九歳で、美人だとの評判も高かった。服装だけから言えば、一見普通のおとなしい女子大生といった風で、変わった格好を好む新宿裏街の女の子のなかではむしろ珍しい存在だった。

そのエメちゃんの心の中は美術で燃えていた。午前十時半近くになると、難しそうな本を二、三冊抱え、店の二階にやって来た。それからその辺の机の周囲にかたまって、「シュールレアリスムは……」などと深刻な顔をして話し合っている青年たちの所に行き、芸術論を一席ぶち、芸術は迸《ほとばし》るものであるから、「その極限的表現である射精の迸りを見せてよ」などと、超・超現実的な発言をして、青年たちの肝を冷やしたりした。〝ジツゾン〟とか〝ソガイ〟とか難解な単語を会話の各所にはさみ、そうかと思うと突然、「あらいやだ。わたし、今日は朝の性交を忘れて来ちゃった」などと、その場での話とはまるで無関係のことを、朝の胃腸薬を飲み忘れてきたのをちょっと思い出したかのごとくの調子で言ってみたりもした。

美術がわからぬ者は人間としての価値がない。人間の存在価値は愛である。こう信じて美と愛の探究に夜の巷で励んでいたエメちゃんが、その後数年たったある日、「結婚の相談に乗ってください」と、わたしに言った。もちろん、わたしはそんな立場ではないし、柄でもない。しかし話を聞いてみると、「わたしの知る限り、すべての男はマヤカシモノなのよ。愛のなんのと言ったところで、つまるところ欲しいのはわたしの体だけ。でも、それがなんと、本物の男が一人いたのよ」ということなのである。

エメちゃんの行動の自由を全面的に認め、ただ愛だけを信じて彼女と一緒になりたいという男性を見出したというのである。わたしにはその話に反対する理由もない。

エメちゃんは結婚した。一か月ほどの日々が過ぎた。ところが日中はアパートの一室で留守番で退屈だ。そのうえ、面白そうに見えた家庭ごっこにも飽きてきた。そこでエメちゃんは、御主人の〝真実の愛〟を確かめようと思い立ち、彼が勤める小企業の会社に行き、御主人の同僚である社員たちの袖をタダで引きはじめたのである。それでも波風立つこともなく、御主人は真実の愛でエメちゃんと結ばれていたのだった。

そして、数少ない社員しかいない会社では、とかく便利な女性として彼女の名はたちまちのうちに知れ渡ったという。ところがエメちゃんの飽くなき探究心はそれだけでは満足しなかった。会社の取り引き関係で来る人々の中にまで、真実の探究の手は伸びたのである。これには、社長もまいったのだろう。妙なことをして仕事をしている会社だとの誤解を世間に与えることになったら大変だ。「ホドホドに」と、社長は御主人に注意を促したのだった。

それを御主人から聞いたエメちゃんは、会社ではなくて御主人に愛想をつかしたのである。

「うちの主人《ひと》って、やっぱり単なる男なのね。愛の何のと言ったって、所詮、世間体で生きている人なのよ」。やはり、真実の愛の発見は難しいのだ。

一年ほどして、彼女から電話があった。「ねえ、わたし主人と正式に別れたの。で、その後、一人で住むアパートなんか探したんだけど、家賃も高いし、気に入った所もないし、仕方がないのでその後何か月もまだ彼と同居しているんですけど、そういうのは社会的にいけないことなんでしょうか」

わたしは思わずふき出しそうになった。しかしそれをやっとこらえると、「それならば、居られるだけ彼と一緒に居た方が良いのではないですか」と答えてあげた。受話器を置くと、わたしは久しぶりにさわやかさを感じた。エメちゃんは相変わらず、真実一筋の生活を営んでいたのだった。

わたしはかつての動物への興味が急速に人間へと広がって来ているのを感じた。映画や現実の世界を通じて、人間というのは何と面白いものだろうと実感をもって感じるようになって来た。それは小説でも接することのできない別の何かをもっていた。

9

たくましき夜の芸術家

〝語り屋〟がくすぐる母性本能

一九五〇年代末の新宿。裏街のネオンの影や、薄暗いコーヒー屋の隅っこで、わたしは不思議なタイプの女たちを何人も発見した。そしてまた、巷で知り合った男の中にも、変わった者が少なくなかった。

C君という、自称美術家がいた。二十代に入ったばかりの年齢だったが、その道ではすでに名を成した人物であると、これもまた自らの口で方々に触れまわっていた。

南の島の出身で、南海育ちの浅黒くて男らしい肌の色と、南国の男によく見られる彫りの深い端正な顔立ちが、素人の間では彼の言葉に芸術家としての一層の信頼度を付け加えるという役割を果たしていた。その点においては、わたしの別の知人の場合は、本物の美術家ではあったのだが、いつも損な目にあっていた。ジャガイモのような顔をしているうえに、口ベタでもあったので、偶然にコーヒー屋などでC君のそばに席をとってしまったりした時は寂しい思いをさせられていた。若い女性の目には、彼が芸術とは無縁の人物だとしか映らなかったのである。

わたしはC君とは美術などについてのコーヒー屋談義をすることがよくあった。そのうえに、当時としてはあまり知る人がなかった南の島々などに関しても、わたしは個人的な思い出が多かったので、そんな話を通じて彼の故郷や、東京での彼の実生活の背景についても、ある程度は聞き知っていた。

まず、C君は東京に来てからも、作品を創るということは一切しなかった。それでは何をしていたのかというと、その内容こそ乏しいとはいえ、耳学問としては充分に話を続けることができるだけの力をつけ、知識の乏しい女子大生などにとり入っていたのである。芸術に関するそれらしき知識と持ち前の感覚の鋭さだけを頼りとして、言ってみれば〝語り屋〟のようなことをしていたのだ。

C君は目ぼしいコーヒー屋に行き、そこにたむろしている芸術家気取り、または芸術家志望らしい女子大生たちに狙いをつける。それから芸術論などを吹っかけて、一、二時間で旧知の如き交友関係を彼女たちと結ぶ。そしてその日のうちに、それが駄目なら遅くとも二、三日内に、その中の特定の誰かに、食とねぐらを提供してもらうようになる。「女に事欠くことなど考えられない」と、彼は実感をもって男仲間には語るわけである。

実際、彼の真髄は身体が健康であること、身近な女性に強烈に母性本能をそそる能力を持っていることにあった。

ほんの二、三か月の間にも、彼は店の客だけではなく、数軒の店のウェイトレスに、「この偉大な芸術家を養っていきたい」、あるいは「この人を偉大な芸術家に育ててあげたい」という気持ちを起こさせた。彼女たちは、自らのすべてをC君に開放した。さらに、芸術家には必然的であると考えられる夜の飲み代や仲間とのつき合い代を、彼に貢ぐべきだとの心意気にかられ、かつそれを実行したのである。

C君はそんな生活を二年も送るうちに、病気ひとつせずに二回の個展を開催した。活版刷りのハガキの通知代も、会場費も、C君を支える若き女性たちが日夜働いて得た給料の中から出資された。女たちはお互いには未知の仲である。同じ個展に何人かの者が重なって出資したとしても、一人一人は自分が支えたと信じているわけだからそれなりの喜びが持てたのである。それに、そのおかげで臨時収入が何倍かできるという喜びをC君が持てたわけであるから、まさにめでたしめでたしということだ。

C君の第一回目の個展は、新宿近くの小さな画廊を借りての彫刻展だった。当日わたしが訪ねてみると、何も置いていないその会場に、彼が一人でポツンと座っていた。そこに知り合いがポツリ、ポツリと見物（?）に来る。ある空間の中に、C君という美術家がいて、彼が招いた見物人が移動する。それが彼のその日の作品だった。言うのも野暮だが、彼はそれを二〇年代、三〇年代のヨーロッパの芸術運動の話から聞きかじっていたのである。

二回目の個展には、会場費は必要なかった。吉祥寺は今では都心と言っても良いほどの盛り場だが、当時は東京近郊の井の頭公園のある場所として知られているぐらいだった。その井の頭公園の一部にあるクヌギ林で、クヌギの木の根元近くに、C君はチョークで小さくマル印を一本一本付けてまわっただけである。C君は確かにある種の才能には恵まれていた。

この二十年以上、C君は音信不通となっている。わたしとの最後の出会いはロサンゼルスだった。彼はアメリカ女性とアパートの二階に同棲し、その部屋の窓からフンドシのような無地の布を一枚たらして写真に撮り、それを知人たちに送りつけて芸術生活に励んでいると知らせていた。勿論、製作費も郵送料も、彼を支えている女性から出ていることは、彼が毎日を思索のための散歩と飲み歩きに費やしている姿から、容易に見当がついたのだった。

〝心の詩人〟の演出小道具

C君が新宿に姿を現してから何か月もたたないうちに、もう一人の妙な男が加わった。Kさんという二十五歳を過ぎた人物だった。

その年齢ともなれば、真っ昼間からコーヒー屋に入りびたって、若者の芸術談義に加わっているというのも場違いな感じがするのが普通である。しかし彼の場合は、むしろ芸術的な威厳とか権威といった雰囲気で、その場を包む力を持っていた。一口で言えば、容貌で得をしていたのだ。彼もC君と同様に、南の島の出身だった。異国風の美男であり、もし彼が自分は地中海の生まれだとか、片親がギリシャ人だとか言ったとしたら、多くの人がそのままに信じてしまうような風貌を持っていた。

Kさんは詩を書くこともなかったし、外国の言葉を人前で話すこともなかったが、いつもギリシャ語の本と、フランス語の詩集を二、三冊、小脇に抱えて巷の中を文学者風に歩いていた。そうした本をどこで手に入れたものなのか、わたしは知らない。ただ、彼がフランス語の初級文法すら知らないということや、ギリシャ語の方はアルファベットの文字すら読むことができないということは知っていた。しかし、彼にとってはそんなことはどうでも良かった。それは生活のための演出小道具であったにすぎなかった。

コーヒー屋には時間を持てあました女子学生が、三、四人群れをなしてたむろしていた。都会の刺激をそれとなく待ち受けていたのだった。そこにKさんは芸術家風の威厳を持って近づいていき、テーブルの上に無造作に置いてある女子学生の教科書や辞書の類をちょっと確かめ、フランス語の辞書や翻訳小説などが置いてあれば、「おや、フランス文学をやっているんですか。最近のサルトルはどう思います」などと、知的に響く言葉で話しかけ、あとはC君と同じ道筋を突進していくのだった。

狙った女子学生が、文学についてまともな反応を示したら、Kさんにとっては都合が悪いこととなる。しかし、その場合は「ちょっと失礼」と言って席を立ち、その場から退散してしまうのが一番との心得も持っていた。相手があまり気に入らない人物であるとわかった場合も問題の解決法は同じだった。「ちょっと失礼」の一言を発すれば、それ以上、追いかけてくる者はいなかった。

可愛らしいが適度に頭が抜けていて、一人暮らしで少々金がありそうな女性ということは、Kさんの生活保護者選択の第一の条件だった。あとは彼のようにイカス男がそばにいて、いつも芸術の話でも聞かせてくれればもう最高といった思いに浸《ひた》れるほどの女性であったならば、それ以上、Kさんが望むことはなかったのである。

Kさんは、出会ったばかりの女子大生の母性本能をそそるという才能を、C君のようには持ちあわせていなかったので、もっぱら自らの説得力に頼って生きていた。

Kさんは、世界平和の根源は人間の美しい心にあると説いていた。そして、美しい精神は詩によってのみ表現されるとした。しかし、その意味のするところは、詩というものは書いて他人に見せるということにあるのではなく、ましてや詩を印刷して見知らぬ他人に売るなどというような下劣な行為にあるのではないといったことにあった。「現代の詩の商業化は嘆かわしい」というKさんの主張は、彼が目をつけた若い女性の心には予想外に強力に訴えた。そしてそれを理由に、「自分は詩を自分の心の中にだけ書く」とKさんは宣言し、一切の発表物を持たなかった。本当のところは書かないのではなくて、書けないのかも知れなかったのだが、奇妙なことに、彼の〝心の詩人〟説は、コーヒーやアルコールを前にした芸術好きの若い娘たちには妙によく受け入れられて、Kさんはたちまちのうちに多くのファンを確保した。やがて詩人らしい服装も誰かから贈られて、夜の飲み屋歩きの小遣い銭にも困らなくなった。山手線の渋谷から池袋まで、中央線の新宿から立川までの間ならば、どこで仲間と深酒しても、夜中に泊めてくれる女性の部屋だけには不自由しないというKさんの話も、単なるホラには聞こえなくなっていた。

Kさんは、その後の三年ほどの間に、京都や南海の島などで、何回か小さな精神運動集団を結成した。原始共産制、自由恋愛、芸術活動などが入り混じった教えを説いてまわったのだった。そうした集団には、当時は訪ねることがまだ難しかったインドやチベットなどに憧れる若い男たちや家出同然の形で新宿に集まって来ていた知的少女たちも参加した。

わたしは相変わらず、いかなる活動にも加担することがなかった。彼やその信者たちとの接触も、コーヒー屋の中でのつき合いにとどまっていた。それでも彼らの刊行物のようなもののために、宮沢賢治の作品紹介などをインタビュー形式でおこなったこともある。

カリフォルニア女と赤いチャンチャンコ

そうこうしているうちに、アメリカの西海岸あたりから束縛のない自由な生活を求める者や、東洋の精神に憧れを持つ若者が、新宿の裏街にも姿を現わすような時代になってきた。新宿では、一杯飲み屋や安喫茶店で、言語の壁を超えて若者たちの交流が目につき始めていた。Kさんのグループにも、髪の毛や目の色が異なった若い男女の姿が常に見られるようになってきた。

そしてある時、Kさんはその中で特別親しくなったカリフォルニアの若い女と、ともにアメリカに渡ることになったとの決意を語りはじめた。新宿を去る前に、彼はわたしに会いに来たが、手にはもはやフランス語の本もギリシャ語の本も持ってはいなかった。その代わりに、漢文で書かれた古文書のようなものと、仏教の経典のごとき古本を手に、「アメリカでは東洋の精神詩を広めてくる」のだと、真面目な顔で向こうでの抱負を話してくれた。彼は、東洋のヨーロッパ人(?)から、一瞬のうちにアメリカの東洋人へと変身したわけである。愉快な人だとわたしは思った。そしてその実践力には感心すらした。

わたしは、その後、サンフランシスコに渡る機会が何度もあった。アメリカの西海岸ではヒッピーが集まる場所にも顔を出し、そこの知人と話す機会も多かった。そんなわけでその後のKさんについての噂もよく耳にした。彼はその界隈でもすぐに頭角を現わしていた。

漢字がびっしり詰まった精神的な本を手にした彼は、相変わらずペンも持たず、一行たりとも作品を自分の体の外で発表するということはしないようだった。彼は人目に触れる場所にあぐらで座り、じっと目をつぶり、〝禅詩人〟として心の中を詩で充たしていたのである。それだけでも、徹底すれば賛美者を得ることもできたのだし、食ってもいけたのだ。

今になってみれば、Kさんがこの二十数年間に具体的に残した作品（?）といえば、日本人をも含めて何種類かの人種との間に作った何人かの子どもだけだったと、わたしに話してくれた人がいた。その彼が望郷の念を捨て難く、日本に戻って来て、還暦の祝いに赤いチャンチャンコをもらったとの話を数年前に人づてに聞いた時は、わたしも珍しく刻《とき》の流れというものを感じたのだった。そして今度はアメリカ帰りの哲学詩人として、夜の巷で女子学生に取り囲まれている彼の姿を目に浮かべ、その体力と健康な身体が羨ましくも思えるのだった。

まったく、人間の世界にはさまざまな面があることが、実感をともなって感じられてきて、それはその後のわたしのフィールドワークの基礎固めに大切な役割を果たしてくれることとなったのであった。

10 アフリカ大陸縦断隊結成される

紳士風学生からの誘い

新宿での奇妙な交友録に立ち入り過ぎたので、当時のわたしは新宿に入りびたり同然の生活を送っていたかのように思われてしまいかねない。

しかし、わたしの日常は、それ以前とさして変わったところはなかった。早朝の学生会館での語学勉強、授業に出ても授業を聴かずに自分の勉強に励むという二重時間割制、コーヒー屋での読書と原稿書きの練習、そしてその時間の前後にひかえた一日一つ二つの家庭教師のアルバイト。

こんな調子なので、学生時代には学友たちとともに遊ぶという機会を、わたしはついに一度も持たなかった。文学仲間はみんなマージャンに凝っていたが、わたしはマージャン屋をのぞいたことすらなかった。早慶戦を見たこともないので、試合後の夜の巷での乱痴気騒ぎに参加したこともない。デートを楽しんだことすらない。そのようなことを自ら意識的に避けたのではなくて、そのような時間の使い方が自分の身近に存在することすら、一切気がつかなかったのである。

大学三年の時、いつものように学生会館で勉強していると、見知らぬ二人の学生が、思いもよらない話を持って会いに来た。

わたしの身近にいつもいる仲間というのは、どちらかといえば薄汚い格好をあえて好むか、そうでなくても冴えない服装をしている者が多かった。そして体格はやせ型で、髪はボサボサ、無精ひげなどを生やしているのが普通だった。ところがわたしを訪ねて来たのは、立派な背広を上手に着こなした紳士風の学生だった。体格も血色も良かった。それに言葉遣いも洗練された社会人風のもので、それは社員というよりは経営者、社長風の落ち着きと自信に満ちたものだった。わたしの友人たちのように、口を開けば米ソ関係だの、マルクスだの、実存だのといった単語がせわしなく飛び出すのとはまるで違っていた。

とにかく用件を聞いてみると、「アフリカ大陸を、南の端から北の端まで、すなわちケープタウンからカイロまで、探検車二台に荷物用トレーラーを二台つなげて引っぱって、数人で縦走しようと思うのです。是非その計画に加わって欲しいのです」と言うのである。

ひと通り話を聞いてみると、二人はかなりの企画力と想像力に恵まれている人物であるということが伺われた。言い換えれば、計画作りにおいては人一倍の綿密さと大胆さが、矛盾なしに頭の中に同居しているような人物であるということだ。夢を現実と区別せずに本気で話すことができる人間は、わたしの最も好きなタイプである。

二人の説明によると、その旅には次のようなものが最低限必要だとのことであった。実行委員二名（彼ら二人）、自動車の専門家三名（二人で運転・整備・修理などすべてが可能な者）、医者一名、現地渉外係一名（交渉、通訳、税関手続きなど）、それに隊長一名（できれば登山、キャンプ生活に慣れている自然科学者）の計八名。それに内部で寝起きと簡単な炊事が可能な六人乗り程度の四輪駆動の自動車二台、自動車の予備部品、十か月分の生活用具、調査に必要な道具類、食糧などを入れられるトレーラー二台。以上のものを持ってアフリカに渡り、十か月近くの大陸の旅を全員が続けるのに必要とする費用。

「そして西江さんにはこの計画の中で、ぜひ、現地渉外係として参加して欲しいのです」

夜明け前の植民地

彼らの話に即座には実感が持てなかったが、用件だけは理解できた。噂を通じてわたしの語学力と体力が買われたわけである。そこで「今はどのくらいまでその計画が進行しているのですか」とわたしが尋ねると、「いや、今から始めるので、とりあえずメンバーから固めていこうと……」と、話は一瞬のうちに現実に引き戻された。彼らの話はまさに夢そのものなのであった。

一九五九年の秋である。

わずか四十年ほど前のことでしかないが、当時の日本が置かれていた国際状況は、現在とはまるで違ったものだった。個人的な海外旅行などというものは、一般人にとっては異次元世界での出来事だった。金の有る無しにかかわらず、普通には許されないことでもあった。それに、アフリカは日本では未知の大陸だった。海外に出かける人物の話を新聞記事などでたまに読んでも、それはまさに世界に誇るほどの技量を持っている人か、そうでなければ、日本社会で大きな力がある団体や人物を背後に持つ人々の話だろうとしか受け取らなかった。それに比べれば、こちらは一文無しの学生である。世間の注目を浴びるような業績もないし、周囲が一目置くような権威もない。客観的に判断すれば、海外に行く必然性すらまるで認められない。パスポートの申請を考えることすら無駄な努力と見なされても仕方がなかった。

アジア・アフリカ方面について言えば、わたしはインドの文化や言語は多少知っていた。独学とはいえ、ヒンディー語、ウルドゥー語は、ある程度の文章を読む力を持っていた。そこで、その大旅行の目的地がインドであったならば、その場で乗り気になっていたかも知れなかった。実際、アフリカという所に関してはほとんど何の知識もなかったし、特別な関心も持っていなかった。「三、四日考えさせて欲しい」とわたしは言って、彼らと別れた。

早速、アフリカ大陸縦断の旅で予定されている所を図書館で確かめてみた。まだ、アジア・アフリカ諸国の〝独立の年〟(一九六〇年代)以前の話である。欧米の植民地としてのアフリカ諸国がずらりと並んでいる大陸の地図を旅の予定順に追っていくと、南アフリカ、ベチュアナランド(今のボツワナ)、モザンビーク、南ローデシア(今のジンバブエ)、北ローデシア(今のザンビア)、タンガニイカ(今のタンザニア)、ケニア、ウガンダ、ザイール(その後コンゴに)、エチオピア、スーダン、エジプトといった名称がそのコースに含まれている。多分、というのは当時は事情がよくわからなかったからなのだが、そこを通過するには英語、ポルトガル語、フランス語、アラビア語などの知識を必要とするだろう。そんな所で人間と車輛だけならまだしも、自動車の部品、薬品、調査器具、その他の品物を一杯に積み込んだ二台のトレーラーを税関で通すなどという芸当が、自分には果たしてできるものかがまず気にかかった。それから、もし旅が実現するとすれば一年間がつぶれてしまうということになるが、それを人生の空白とするか、またはプラスとするか、その辺はどうなるのだろうかということが気になった。しかし、どうしたことか、この計画の実行に伴う事務的、経済的な困難といった現実的な面は、一切頭には浮かばなかったのである。

計画の実現は、うまくゆけばの話ではあるが、わたしの場合は卒業直後のこととなるはずだ。ということは、計画進行中は四年生で、世間的には就職の年でもある。職探しに躍起になる者の多い中、世間の圧力からうまく逃げ出す道を見つけなければならない。わたしはまず、何らかの方法で学業を続ける手段を考えようと心に決めた。周囲の者に合わせて、一応就職試験も受けてみるかもしれない。しかし、もし入社が決まってもその時の計画の進行状況如何では正式入社は考えることにする。それよりは、もう少し本格的に言語や芸術の勉強を続けるため、改めて学校に入り直す受験勉強に集中することを第一としよう。そうすればアフリカに行くことができるようになった場合も、帰国後の身の置き場所が一応は確保されていることになるので、無駄な時間を作らないですむではないか。そしてアフリカでは、何か新しい言語を身につけるようにしよう。それはいつの日か日本でも必要となってくる言語であることが望ましい。文献によると、東アフリカではスワヒリ語という言語が広く話されているらしい。その言語をやってみたらどうだろう。

やや飛躍してはいるが、そんな風に考えていくと、アフリカ行きはわたしの心の中であるまとまりを持った形をなして来た。数日後、再び例の二人に会うと、わたしは参加する意志を伝えた。彼らの方も計画に本腰を入れ始めたらしく、メンバーの選択のみではなく、学生側の後援会作り、旅のスポンサーの検討などにも入っていた。二人は、大学では英字新聞を発行していたということもあって、学内の目ぼしい人物とは通じていたし、大学当局にも直接に話せるような立場にいた。

夢を追う野郎たち

〝アフリカ大陸縦断隊〟という厳めしい名をつけた数人だけの団体でも、すぐに学友たちから成る後援会組織のようなものができ上がった。その中には、当時の早稲田大学が生んだ大スターであった、映画『野菊の如き君なりき』の主演女優の有田紀子さんや、後に駐フランスのユネスコ日本大使の夫人となった才媛、ムーザ・毛馬内《けまない》さん（彼女は白系ロシア人との混血である）などが入っていた。

資金が出る出ないは別としても、渡航手続きをおこなったり、アフリカ側の受け入れ先を作ったりする上でも、しかるべきスポンサーが必要だった。それには、早稲田大学と、当時、海外への学術探検隊派遣に力を入れていた朝日新聞社が良かろうということになった。良かろうと言っても、それはこっちが勝手に決めたのだからひどいものである。それとは別に資金援助や資材を提供してもらえそうな会社名のリスト作りも終えた。車輌の方は三つ四つの自動車会社の名が挙がった。そこまでは、誰もが勝手に考えたり作ったりすることができることでもある。

しかし問題は、そうした場所に誰がどのようにして交渉に行くのか、どのような話をして誰を説得するのかということだった。当然と言えば、当然のことである。単に計画書を持って行っても、相手が話をまともに聞いてくれるはずがない。頭のおかしい青年が来たと思われて、事務所の受付で門前払いは確実なのである。

計画には何の具体性も出て来ないうちに、メンバーの方だけはたちまちのうちに決まってしまった。理工学部に自動車狂のような男が何人かいて、そのうちの三人が自動車担当として加わった。彼らはアフリカに関心があるのではなくて、大草原や砂漠や沼地を車で思い切り走りまわることを夢見ていた。山男の若い医者が、旅の途中でのキリマンジャロ山やケニア山、できるならばルウェンゾリ山の登山を夢見て参加した。高山植物の権威で山男でもある早稲田大学理工学部の田辺和雄先生が、隊長の役を引き受けて下さることとなった。

このようにすんなりとメンバーが決まったのは、計画の中心となった言い出しっぺの人物が持っている説得力と、わたしより後から参加した人々が、この計画に関しては何らかの具体的なメドがすでについているものと信じていたからだと思う。

ところが、全員が集まった時に、実情はほぼゼロから出発するのだと聞かされると、海のものとも山のものともつかない計画に参加することに、大いなる不安感を示した者が多かった。これも当然の話である。しかし、わたしはその会合で、「初めから夢みたいな計画なのだから、本当に参加する気があるのならば、少なくとも会合の席にいる間だけは〝もしかしたら実現不可能なのでは〟というような否定的な発言を決してしないようにしよう」と提案した。

夢の実現には、〝そんなことをしてもダメだろう〟という発想を持つことは、無意味どころか害になるだけのものである。〝こうしてまずければ、ああしよう〟という発想は良い。しかし、〝やはりうまく行きそうもない〟という発想が出るようならば、初めから夢を見ない方が良いのである。夢というものは、どうせ見るならば、結論として他者から破られるという目にあうことはあったとしても、自ら破ってそこから目覚めるというようなものであってはならないのだという気持ちが、わたしには強かった。

一人一人がいろいろなツテを頼って、計画の賛同者や実質的な助っ人を見つけてきた。普通の学生生活をしていたならば出会うこともない人物と会う機会も持てた。わたしの場合、平凡社の社長であった下中弥三郎氏が、計画書の上に直筆で「この壮挙を援《たす》けてやって下さい」と、応援の言葉を書いて下さった。人は多くの人々に助けられているということを実感した。

数百万円の予算話をふくらませていくと、その内容の広がりは際限なく、遂には旅行中のオヤツの種類から制服のデザインを決めるところまで広がった。予算も何百万円という額が必要となり、わたしなどは毎日毎日、昼食は五十円程度のタンメン一杯と定まっていたのだが、それをすりながら、ゼロの数が多すぎて我が身からはまるで縁遠い数字をいじくるようになってきた。しかし、なにしろまるで実感がないケタの金額を扱っているのだから、気が楽なものでもあった。

現金の調達は至極難しく思えたが、食料品や小さな物品の方は、計画がある程度まとまってくると、案外たやすく手に入ることがわかってきた。

車に関しては、わたしはまったく無知であったが、自動車担当が見つけ出した候補の型の車体を持つ会社に、ただ寄贈願いに行くだけではとてもダメだとわたしは主張した。いくつかの類似の型の車を候補にあげ、その中でも「あなたの会社のこの種類だけが、この大旅行に耐えられる」と、相手側を説得するようでなければ、断わられることは確実だろうと言ったのである。さらに、その車の改良案を添え、この大旅行に確実に耐えられるものとしなければ、向こう側も車を提供したがために会社のマイナスとなってしまうのではないだろうか、というのがわたしの意見だった。自動車マニアである担当の者たちは、トヨタに少数台あるはずの特別な型の車輌の改良案とトレーラーの設計図を作成した。

この旅行の言い出しっぺの二人は優れた交渉の手腕を持っていたし、押しの力も強かった。そして結果的には、わたしたちが理想としている車をトヨタ自動車が提供するという約束をとりつけることに成功したのだった。

車に関してのわたしの貢献は、ささやかなものである。まず、車体に帯状に社名を書くことに反対した。一九六〇年のアフリカの奥地を初めて走ることになる国産車だ。その土地の人々は日本という国名すら知らないだろう。文字が読めない人々も多いはずだ。それならばあえて自動車の背景に興味を示すごく少数の人々に、口で宣伝した方が有効なのではないかということだ。結局、車体にペンキで社名を書くことはやめにした。次には、車体の後部ドアの裏側にステンレスを張り、そこを台所の調理場に作りかえることを提案したことだ。これは無駄なスペースの有効利用ということである。言ってみれば、この二つは自動車というものにとっては直接的には何の関係もないものだ。しかし、運転のウの字も知らないのだから、わたしにできるのはその程度のことだった。

11 アフリカへの道は船酔いの旅

夢をかなえる〝明快な妄想〟

貧乏学生のわたしたちが計画したアフリカ縦断旅行を実現させるということは、文字通りにゼロから有を生み出そうとするものであった。夢を現実に変えるというものでもあった。

それを可能にするには、できるかぎり綿密な夢を見続けていくしかない。と、こんな心境でいるうちに、わたしの心の中に〝明快な妄想〟という妙な言葉が一瞬、閃光のようにひらめいた。

そして、その言葉はその後四十年も経った今になっても、あの時の強い印象を失うことがない。

「望みは壮大なものであっても、ほんのささやかなことがやっとかなう。それが人生だ」というようなことを、子どもの頃には先生から何回となく聞かされた。しかし、わたしが考えていることは、物事の大小とは関係がないように思われた。自分が見つけ出したテーマを曖昧に扱っているのか、または明確な根拠を持って扱っているのかということの違いだけではないかと思ったのである。

なまじっか何かを持っているとまずいのだが、何もない身というのは、常識とか反常識、世間体とか反世間体、恥さらしなどといった人並みの生活感覚に惑わされさえしなければ、気楽なものである。

豊かな夢を持つか持たないか、そのどちらかを選択するだけで良い。ただ、豊かな夢を見る方を選ぶのであったならば、それなりの覚悟はいる。すなわち、豊かな夢は単なる妄想であってはならない。〝明快な妄想〟でなければならないということなのである。

明快であるとは理にかなうということであり、理にかなうとは無駄な枝葉で物事を覆い隠したり飾りたてたりするのを避けるということに通じるものである。その状態に自分を持ち込むとは、聞こえが良い言葉で言えば、自分のなかに何らの対立物がなく充分に納得できるという〝自然体〟で物事にあたることであるとも言えるかもしれない。

これはわかったようなわからないような理屈かも知れない。しかし、子どもの頃から世間的には何の役にも立たない世界に夢中になり、その中に他人には見つけられない宝物をたくさん発見し続けてきたわたしが、いつの間にか、〝明快な妄想〟や〝自然体〟感覚の持ち主になってしまっていたのも不思議ではないのかも知れない。

「君は猫になってどうするのかね」「はい、すみません」、「君は蝶々の通り道を研究して、それが進学とどう結びつくと思うのかね」「はい、すみません」、「君はアフリカの言語などに夢中になって、就職はどうするのかね」「はい、すみません」、「君の妙な部族の研究は、いったいどれほどの収入になるのかね」「はい、すみません」と、こんな調子で幼児期から大学生活の終わりまでやってくれれば、他人からバカと呼ばれるのにはすっかり慣れてしまっている。変人と呼ばれれば少しは気になるが、奇人と呼ばれると気が休まる。変人というのはある人間の全体像を指しての表現だが、奇人というのは行動の一部が周囲の人々とは異なっているというだけのことだから、そのとおりであったら何も気にする必要はないのである。わたしはどうも世間的には落ちこぼれなのだろう。しかし、そうであってもわたしの側から見れば世間という枠の外の世界には、なかなかどうして面白いことが充ちている。ただその世界を人様に説明するのが難しくて、他人の問いにまともに答える面倒から逃げていたのである。

船酔いの苦難

仲間と力を合わせ、目標をしぼり、毎日スポンサー巡りをしているうちに、アフリカ大陸への大旅行のメドがたってきた。

一九六一年の七月初旬のある日、わたしたちは東京駅で数人の友人に見送られて、神戸へと向かった。

そこから貨物船に揺られて、東南アジアに向かい、さらにインド洋を南下して、アフリカ大陸の南にあるモザンビークの首都ロレンソ・マルケス（現在マプト）に上陸しようというわけである。

神戸に着くと、この船旅が一か月以上はかかるという船会社の人の話が、すぐに実感として感じられた。「積み荷を降ろす」「別の荷を積む」などという話が次々に出てきて、出発予定の日時が過ぎても、船はいっこうに岸壁を離れようとはしないのだ。二日たち、三日たった。わたしは自分の船室から三宮《さんのみや》の町のコーヒー屋に通ったり、近くにラーメンを食べに行ったりして時を過ごした。

そうこうするうちに、「いよいよ、今夜は出発」ということになった。がらんとして静まりかえった夜の貨物船の上で、わずかの間のつき合いだったとはいえ仲良くなった屋台のラーメン屋のおじさんが、一人だけ手を大きく振って見送ってくれた。小説か何かで読んでいたとおりに、船は汽笛を鳴らして静かに動き出した。おじさんは手をますます大きく振って何かを叫んでいたが、声は一切聞こえなかった。その姿もやがて夜の闇の中に吸い込まれ、岸壁も黒い塊と化し、日本が目の前から消えてしまった。

わたしは、ほとんどのことに関しては普通の人々よりは強くできていると思うのだが、明らかに弱いものもある。その代表的なものが、船に乗ることなのである。

小学校の頃、遠足で東京から伊豆大島の三原山《みはらやま》に火山見学に行った。その時の船が東京湾を出た途端に揺れ始め、友人たちはそろって船酔いした。船室内は、吐き出したものの悪臭でたちまちのうちに満ちてしまった。それを逃れて甲板に出たら、船べりには隙間のない人垣ができていて、みんなで一斉に海に向かって吐いていた。潮風がそれを宙に吹き上げ、その飛沫が甲板に立っているわたしの顔に霧となって降り注いだ。それが乾くと、顔の皮膚がパリパリした。大島の港近くになると、それまで我慢していたわたしも遂に堪えられなくなったのだろう。胃の中にあった物をすべて、盛大に甲板に吐き散らした。そんな体験が体のどこかに根強く記憶として残されているのだろうか。その後、わたしは船らしきものに乗ると、まずその船体のにおいを感じただけで気分が悪くなってしまう。そして船が動けば、その揺れで酔う。三、四時間しても酔わない時があると、「こんなはずはない」と、かえってそのことが気になって自主的（?）に酔ってしまわずにはいられない。

それにもこりず、わたしは日本のすみずみで、いつも船酔い覚悟の船の旅を続けてきた。しかし、今回は一か月以上もの船旅だ。三十日間も海上で船酔い生活を続けていたら、自分の身はどうなることだろうと考えるが、その状態は想像もつかなかった。とにかく今や、その恐ろしい旅に一歩踏み出してしまったのである。道中で立ち寄るはずの香港やシンガポールやセイロン（スリランカの旧称）で出くわすことになるかもしれない楽しい冒険もわたしの頭の中には一切なかった。

十字架の形をした星がみえる⁉

頼み込んで甲板に乗せてもらったというのではなくて、まともな運賃を払った貨物船の客というのは待遇が良い。もっとも、まともな運賃といってもそれをまともに払ったのではなく、払ったことにしてもらっていたので気恥ずかしいが、それはそれとして、食事は船長、機関長、通信長、船医とともにとり、牛の舌の料理などを食べながら、わたしの知らない海の生活者の話などを聞くことができる。

そうした話を、乗客へのサービスのためにしているのではないので、あらかじめ定まっている内容をわたしたちに観光ガイドよろしく話してくれるというのではない。海上のどこかの位置で、誰かが何かを思い出したりすると、食事中にそれとなくその話を披露するといった具合である。

ある夜、「南十字星が見えますよ」との声を聞いた。急いで甲板に出て、船の人が指し示す方角を見ても、わたしが物語や絵本を通じて想像していたような大きな白い十字架の形の星などは、どこを見ても見つけることができなかった。それもそのはず、一つの巨大な星と思ったのが大間違いで、南十字星とはつまらない星の組み合わせでできた星座なのだった。

船の上ではそんなことも食事中の話題となった。そして「あなたなどは良い方ですよ。赤道を越える時、海が赤くなっているのかと本気で思っていた客もいるのですから」と、わたしは同席の人からからかわれているのか、なぐさめられているのかわからなかったが、退屈な船旅でひと時の笑いをみんなに提供したことだけは確かだった。

赤道を越え、海と空のほかには何も見ずに船はインド洋を南下した。「クジラだぞ！」と叫ぶ声で、船酔いをこらえて甲板に出てみると、クジラが巨大な図体を波間に見え隠れさせながら、しばらく船と競争した。毎日、見えるのは海原だけだった。違うのは船の揺れ具合だけで、波が大きい時は、テーブルの上の食器がスー、スーと端から端へと移動した。船窓から見ると、波が目の前で大きく上下に揺れ、それに合わせて足下の力が消えていった。

レユニオン島に接近し、久しぶりに南の島のヤシの木が生い茂る浜を海上から眺めて楽しんだ。マダガスカル島の最南端の乾いた大地を眺め、わたしはいよいよ船旅が終わりに近いことを知った。すでに八月に入っていて、わたしたちはその土地の冬の最中にいた。そして一か月以上の大航海の末に、遂にわたしたちはアフリカ大陸の影を見た。

今になってみると、海上での一か月、思い出すことがほとんどないから不思議である。当初から心配していた船酔いは確かにあった。特にインド洋の真ん中を突っ走った何日かは、波が高く、船室の丸い窓から外を見ると、何秒間かは窓の向こうに青空が見え、続く何秒間かは海中に部屋が沈むということが繰り返されていた。わたしはころがり出しそうな体を、もうろうとしながらもベッドの上で支えていた。食事どころではなかった。しかし、絶え間なしに船酔いにかかっていたというわけでもなかったらしい。ただ、甲板に出て、皆とデッキゴルフを楽しむなどという気にはならなかったのも確かである。

わたしたちの貨物船は目的地に着いても沖に浮いたままのことが多かったので、正確に言えば、入港ということもなかった。そこで、外国の港々に着くたびに上陸してその土地を楽しむなどということもできないことになっていた。

ただし、船医や通信長といった役職の人々は、ハシケに便乗して上陸し、港町で用事を済ますことができた。わたしは運良くその特権を使う仲間に入れてもらい、香港、シンガポール、コロンボと、停泊地では必ず何時間かは上陸する機会を得て町をうろついた。

香港では、船会社の人々に連れられて名所巡りなどをしたが、わたしは本屋探しに精を出し、中国の本の他にポルトガル語の文法書を入手した。道中の船酔い止めにも役立つので、毎日それを勉強することにしたのである。

そのポルトガル語を話しているはずのモザンビークが、今は目の前に横たわっていた。それなのに船はパタリと移動をやめ、沖合いに浮かんだままになってしまった。眼前に緑の陸地を眺めたまま、二日間が過ぎていた。

船はもう揺れることもなかったので、わたしは元気を取り戻し、甲板の隅々を歩きまわった。この船ともすぐにお別れだと思うと、ずんぐりとした煙突や、白塗りのキャビン、甲板に張られた板などが頭の奥で急にはっきりとした形を現した。

甲板下に潜んでいた男たち

朝、雨が降ったり止んだりした。アフリカに着けば、当然のことながら真っ先にわたしたちを迎えてくれると思った太陽は、姿を見せなかった。雨が止むと、どこからともなく海の鳥が姿を現し、灰色に曇った空の中に美しい線を描いて舞った。海上に数頭のイルカが群れなして姿を現し、互いにじゃれ合うように跳びはねて宙を切ったり、海面上に鋭い切り傷を残したりして泳ぎ去った。

それから思いがけないことが起こった。

船の甲板の下の方から、見知らぬ人間たちが、それも日本の男たちがぞろぞろと甲板に姿を現してきたのである。

いつも食事をともにする数人の人々だけで、この大きな船を動かしているとはわたしも思わなかった。しかし、十人、十五人と次から次へと人々が姿を現してくるということは、この長い航海の間、彼らは甲板のずっと下の船室か、またはわたしたちの目に入らぬ、どこか陰にじっと身をひそめて働いていたということである。そう思うとショックだった。船嫌いのうえに、さらに「船乗りには決してなるまい」という決意が、わたしには加わった。

甲板の人々は、誰からともなく長い糸を取り出して、一本ずつその先に金属片の重りを付け、釘を曲げただけのような手製の釣り針を、二十〜三十センチ間隔で一本の糸に十個以上も結び始めた。

それから餌を付け、船縁から、かなり下の方にある海めがけて無造作に投げ込んだ。休む間もなくその糸を引き上げると、すべての針には鯛のような魚が引っかかっていて跳ねていた。

魚釣りというよりは魚拾いが数分続くと、今度は水面から船縁までの間に吊りさがっている魚をめがけて海鵜《うみう》が飛びかかった。ひと呑みに魚を呑み込んでしまうので、今度はなんと鳥が釣れ出した。その体をしっかりと抱きかかえて、喉を掻き切るようにして針をはずし、空に放すとしばらくして同じ鵜がまた針にかかってきた。

わたしは不気味な気分に襲われた。

12

いざ行かん原野の果てまで

黄色い雨ガッパと黒い肌

朝、小雨が降った。

もともとが水でできている海が濡れるというのも妙なことだが、無数のさざ波を立てた明るい水面が雨で濡れていくように確かに見えた。

遥か彼方の縁の陸地が薄ら白い空気の中にかすんで見えた。

その方向から小さな木造の舟が一直線に近づいて来ると、それはわたしたちの長旅を支えてきた船の大きな船体の下方でピタリと動きを止めた。
モーターを取り付けた小舟の上には、真黄色の雨ガッパをかぶった人物が仁王立ちになってい
て、甲板の縁にいるわたしたちに向かって何ごとかを叫んだが、その声はわたしたちの耳までは
届かなかった。
目が覚めるように鮮やかな黄色い雨ガッパの中に、真っ黒い体をした人物がいた。いや、薄く
雨に濡れたその肌は、黒というよりは沈んだ紫色だった。
その人物の外形はすっきりとした輪郭を空中に描いていたが、その中に見えるはずの人体の細
部は、ただただ強烈な黒色の中では一切識別することができなかった。
「黒いなぁ！」と、わたしは思わず声を出した。生まれて初めて見たアフリカの人間だった。そ
の男は再び、小雨でけぶる海上を小舟の上に立ったままの姿勢で去って行った。そして午後にな
ると、今度はやや大きなハシケが迎えに来て、わたしたちは遂にアフリカ大陸に上陸することに
なった。
その途端、わたしの身は忙しくなった。それもそのはず、今回のアフリカ縦断旅行でのわたし
の役割は、一行八人の男たちのための税関手続き、通訳などの雑務であったからである。二台の
自動車、二台のトレーラー、予備の自動車部品、雑多な機械、種々の薬品、日常生活用品、等々
と、こうしたもののリスト作りにわたしは英文タイプを打ち続けた。
上陸地は現在では独立国モザンビークの首都マプトであるが、当時はポルトガル領のロレン

ソ・マルケスという所だった。

港のポルトガル人たちは気さくな人々ばかりだった。どういうわけか英語で話すとスラスラと言葉が出てくるのに、彼の母語であるポルトガル語で話し出すと無闇にどもる癖のある二十代初めの若い役人が、わたしたちの世話を細かく見てくれた。

どこで聞きつけたのか、いかにも気の良さそうなポルトガル人の五十代の紳士が訪ねて来て、未知のわたしたちを家庭での夕食に誘ってくれた。フレイタスという名のその人物は、その後の数日のロレンソ・マルケス滞在では、わたしたちにとってはなくてはならない存在となった。貿易会社の社長をしている身分があるからなのか、町のいたる所に有力な知人がいて、役所の手続きから夜の飲み歩きのつき合いまで、彼はこまめに気配りを見せ、便宜を図り、わたしたちのことを当人自身が連れ歩いたり、会社の者をわざわざ差し向けてくれたりした。

街には南欧風の白い壁の家々が点在していた。青く澄みきった空に、明るいオレンジ色の屋根が映えていた。絵で見たポルトガルのリスボンの町を思い起こさせた。優雅な動きで人々が黒い影のように路上を過ぎ去った。暑気でじわっと湧き出てきた汗が、半袖のシャツの下のわたしの体中を湿らせているのが、指先で皮膚に直接触れてみるまでもなく感じられた。

細い枝がからみ合った薪を束ねて頭に乗せたハダシの老婆が、路上を流れるように歩き去った。それは、ある種の舞いを思い起こさせた。無邪気にわたしに微笑みかける幼児の瞳の中で、黒い目玉が敏捷に動き、快活な光をあたりに素速く投げかけた。地べたに広げたゴザの上で、若い娘が黙りこくったまま、質素な無地のワンピースの繕いものに夢中になっていた。ここでは、すべてが毎日何の変化も見せることなく繰り返されているかのように思えた。アフリカの街は、昼の陽光の中で、今にも居眠りをし始めそうだった。

夢の住宅コンクール

この旅行の出発前、そして航海中に苦労して独習してきたスワヒリ語を、わたしは行き会った人々にそれとなく使ってみたが、理解する者は見当たらなかった。

東アフリカ一帯で通じる言語だとスワヒリ語の文法書には書いてあるが、この土地はそこで言われる一帯からは外れた所なのかもしれないと一人で勝手に解釈した。これは、後になって正しい判断だとわかった。

そうかといって身近な人々の言語を調べてみようなどと思いつくにも至らず、またそうしたことをする力量も当時は持ち合わせてはいなかったので、わたしは本屋に行き、ポルトガル語に翻訳されたロシア映画の理論書や当時は日本でも流行《はや》っていたフランスの実存主義の哲学者サルトルの小説の文庫本などを買ってきて、宿でページを繰ったりした。

過去にすでに読んだことがあり、内容もよく知っている本を選んで、それをテキストに外国語を勉強するというのは、わたしの外国語学習法のひとつであるが、はるばるアフリカまで来て最初に手にしたのがフランス人やロシア人が書いたもののポルトガル語への翻訳ばかりだったというのも妙な話であった。

モザンビークで過ごすことになった数日の滞在は、主に自動車の通関の必要上余儀なくされたものであったが、そのために我が身の自由を縛られるということはなかった。ただ、港から車を出しても良いという正式の許可が下りるのを待つだけのことであった。

わたしは、ある時は他の連中と一緒に、ある時は一人で、町の方々を別にこれといった目的もなしに歩きまわった。新しい住宅地域の家々の外観や、その斬新さには大いに驚かされた。それは祖国にいては、政策上、経済上、伝統上といったことからの制約のためにとても果たすことができない形や内容を持った建築を、思い通りに建てることを許されたヨーロッパ諸国の若い建築家だけによる、夢の住宅コンクールの会場とでもいうような様相を見せていた。豊かな緑、咲き乱れる花々、充分な空間の中で意表をつくような色彩と形式を自由奔放に組み合わせて建てた住宅が、わたしの散歩の足を引き寄せ、誘い込むようにして建ち並んでいた。

実際のところ、そうした景色が目の前に現れたので、はるばる訪ねて来たアフリカ、どこか心の底で期待していた野生のアフリカといったイメージは簡単に打ち壊されてしまい、多少はがっかりもした。しかしその半面、アフリカの真の姿はやはりこうだったのだという満足感にも似た気分をもまた味わったのであった。一言で言えば、アフリカ第一歩は戸惑いを伴ったものでもあった。一九六〇年代の初頭と言えば、滞在地のすぐ北にある現在の東アフリカ三国、タンザニア——当時はタンガニイカとザンジバルに分かれていた——、ケニア、ウガンダでは、独立に向けての波が高まっている時代だった。

美しき響き「ヒッヒッヒーン」

わたしたちのアフリカの旅は、基本的には南アフリカを出発点とするということになっていたので、正式に言えば、モザンビークでの滞在はまだアフリカ縦断の旅への途上にあるとも言えるものだった。

そこで、車の整備、機械の点検などをすべて終え、南アフリカの国境へ向けて移動を開始した時、改めてアフリカに行くという気持ちに包まれた。

地図で見ると、大陸では国と国との境、すなわち国境はなにがしかの色の線ではっきりと描かれている。しかし、実際の国境というのは、ちょっと体裁を良くした踏切のようなものが道路をさえぎっているだけである。たとえば、その踏切のこちら側にポルトガルの役人がいる小屋があり、向こう側には南アフリカの役人がいる小屋がある。ただそれだけのことである。言うまでもなく、地面に何らかの線が描いてあったり、ベルリンの壁さながらのものが、その踏切の両側から果てしなく張り巡らされているというものでもない。深いジャングルや谷が二つの国を分けているというのでもない。

それならば、ちょっと車の道をそれさえすれば、国と国との行き来など、原っぱの上を歩いて、ごく簡単に実行できると思えるのだが、実際にはそういうことはないとのことだった。初めて見る大陸の国境は、周囲を海という自然の柵で囲まれている日本から来たわたしにとっては不思議なものであった。

南アフリカへの入国審査では予想外のことをいくつも問いただされて面食らった。たとえば、家族のことを報告するというだけならまだしも、父方と母方の祖父と祖母の名前など、問われてもわたしが知っているはずもなかった。もっとも、祖父母の代に至るまでの親族者の皮膚の色、目の色、髪の色などというのは、わたしが知る限り、うちの先祖にはヨーロッパ系やアフリカ系の人間はいないはずなので、審査用紙に簡単に必要項目を書き込むことができたのだった。

南アフリカに入った途端、アフリカーンスという言語に初めて接した。それはオランダ系住民がこの国に持ち込んだもので、オランダ語方言が起源となり、歴史の中で一定の変化を遂げた結果として成立したものである。ヨーロッパ以外の土地で形成された唯一のゲルマン語とも呼べる言語である。

当時の日本での乏しい資料で見た限りでは、喉の奥から出す音声を持つ単語も多く、耳で聴けば、きっと馬のいななきのように「ヒッヒッヒーン」と聞こえる言葉ではないかと想像していたのだが、実際には耳に美しく響く言語だった。

南アフリカへの入国は、書類手続きでやや大変な作業をさせられたが、あとは気持ち良くすべてが完了した。

逃げ惑う一匹のカメ

こうして車でのアフリカ大陸大旅行がいよいよ始まった。

車の前方は果てしない原野だった。

その先に人が生活している所が存在するとは信じられないような、ガランとした空間の中を、二台の車がそれぞれトレーラーを引っ張って黙々と前進した。

八月の大気は冷たく、わたしたちは車の窓を閉めきるだけではなく、少し多めに着込んでもいた。そこの季節は冬だった。

車の後ろに流れ去るようにして消えていく小さな茂みの他には心を動かすものもない。わたしは東京のことなども久しぶりに思い出した。そして、涼しさを通り越した土地にわたしは滞在しているというのに、「何を好んでこの八月の暑い時期に、わざわざアフリカなんていう暑い所に行って……」と、わたしたちのことを噂しながら、飲み屋にたむろしているに違いない学友のことなどを思った。わたしだって、東京に残っていて、アフリカに行った友人のことを考えていたら、同じ噂話をしていたに違いないのだ。

夕暮れ時になると、行く手に大きな弧を描いたような形の一本の赤い線が見えてきた。あたりは薄暗くなってきていて、もはや視界の中では一本一本の草木の識別が難しくなっていた。その原野の上を、赤い一筋の線が、生き物のような確かな動きを見せていた。

野火だった。わたしは思わず車内で体を浮かせ、早くその近くに寄って見たいという衝動に駆りたてられた。

遠くから見れば、かなり美しく描かれていたかのように見えた赤い炎の線も、近づいて見れば、不規則に波立っている炎の大河だった。その流れの中には、黒々とした浮き島が散っていた。草が少ない所では、すでに炎がすべてを焼き尽くしてしまったのだろう。わたしの身近な所では、炎が草の上で波打ち、小さな灌木《かんぼく》の枝の上を這っていた。

車を停めてもらい、その光景をしばらく眺めていた時、わたしは思わず「あっ！」と声をあげた。炎がまだその舌を触れていない草むらの中から、小さなカメが一匹、必死になって逃げ出して来るのが目に入ったのだ。

なにしろカメである。実際のスピードはそんなに速いはずがない。しかし、カメは全速力で、わたしたちがいる安全地帯へと向かって走り寄って来た。その真剣な姿は、感動的なものでさえあった。

アフリカ大陸に上陸する直前、わたしはモザンビークの海上で繰り広げられた人と魚と海鵜《うみう》との奇怪なやりとりを見て、その光景が忘れ難いものとなっていた。

そして今度は、アフリカ大陸に上陸して、最初に見た野生動物がゾウやキリンやカバなどではなくて、すでに闇におおわれた大地の上を炎に追われて逃げ惑う一匹のカメであったことが、強烈な印象となってわたしの心に残された。

その場を離れ、再び夜の中を車で走り続けると、遥か彼方の前方に、点々と散る町の灯が冷たく光を放っていた。

13

波瀾万丈のソマリア単独行

思わぬ不運

七人の日本人仲間とともに、アフリカ大陸の南部各地を転々と車で移動しながら四か月ほど旅の生活をしてみると、訪ねた先々での人々との愉快な交流や、動物にまつわる他愛のない話題に事欠かない。

タンガニイカのダルエスサラームにたどり着いて初めて「ここはアフリカだ」と、実感した。顔に物凄い入れ墨をほどこした男が、夜のキャンプに一人だけ居残っているわたしの脇に座り、留守番を手伝いながら黙ってナイフを研いでいる。とても親切な人物なのだが、彼がそばにいることの方が一人でいるよりも恐ろしかった。それから何日かして、わたしたちは内陸に進み、ある村で水を求めた。しかし、そこの村の若者たちはひどく不親切で、水をくれるどころではない。その村から追い出そうと、すごい剣幕でわたしたちを取り囲んだ。

わたしも負けてはいられない。何か彼らに対抗するアイディアはないものかと探し始めたら、隊長の田辺先生が総入れ歯であることを思い出した。そこで、「先生、みんなの前で、ちょっと入れ歯を取り出して見せて下さい」と頼んだ。真面目な先生は、その意味をつかみかねて戸惑った様子だったが、とりあえず一気に入れ歯を取り出した。するとその瞬間に、目の前の意地悪な連中の顔つきがサッと変わった。顔色が黒から紫になったのだ。多分、目の前の老人が自分の頭蓋骨を抜き出したとでも思ったのだろうか。あまりにも強烈な彼らの反応に、こちらの方が驚いてしまい、みんな一斉に車に飛び乗ってその場から逃げ出してしまったのだった。

わたしは、その村を再び訪ねてみたいと思っている。彼らの間では、あの出来事がすでに神話となっていて、「昔、黄色とも黄土色ともつかない皮膚をした怪しい人間の集団が何処からか現れて、そのうちの一人が村人の前で自分の頭蓋骨を引っ張り出してみせた」と語り伝えられているかもしれないからである。こういった思い出は、その後のキリマンジャロ登山で経験した空気の薄い氷河での苦しい行軍よりは、わたしにはずっと懐かしい。

しかし、その後にも数多く続いた旅の記憶をも含めて、わたしの人生で最も大きな思い出として心に残っているのはソマリアでの単独縦断行である。何の予備知識もなしに入り込み、結果的には大冒険をしてしまったということが大きな理由となっているのだろう。

ケニアに着くと、まだ独立以前のナイロビはアフリカの都市というよりはイギリス色、インド色が圧倒的に濃かった。独立運動も激しく、町には不穏な雰囲気もただよっていた。そのナイロビの町で、思わぬ不運がわたしたちを待ち受けていた。隊長の田辺先生が病気で倒れ、病院でいったんは成功した手術の甲斐もなく、亡くなってしまったのである。出発前からあった内臓の持病が悪化したためだと、医師に説明された。

結論はそれ以降の旅行の中止、全隊員の現地解散である。わたしは隊での役割上、日本に帰る仲間をまず見送った。それから、車輛を送り返すためにはるばるインド洋に面したモンバサ港に出て、すべての手続きを完了させた。わたしは、文字通り我が身ひとつになってアフリカ大陸に残されたのだった。

旅で慣れ親しんできた乾いたサバンナ、濃い緑の森、野生動物の群れ、それに当時はごく普通であった裸の人々、彼らが手にした槍、大型のナイフなど、こうしたものがいつも目に入っていたアフリカと、わたしがひとり残ることになったモンバサの町とはまるで異なった所だった。

石造りの家々が軒を連ね、家と家との間をぬう狭い路を、白いコフィア（イスラム教徒がかぶる植木鉢型の白い帽子）をかぶり、カンズ（やはりイスラム教徒が着る寝巻き風の簡素な白い服）をまとった男たちが、深刻そうな表情で足早に通り抜ける。ブイブイと呼ばれる真っ黒い布で、頭の先から顔、体、

次ページ写真：ソマリア、モガディシオ、1961年、著者撮影

ソマリア、1961年、著者撮影（前ページの写真も同じ）

足元までを覆い隠した女たちが、三人、五人とかたまって、流れるように通り過ぎる。ブイブイとは〝蜘蛛〟という意味だと聞いて、なるほどと感心した。周囲はアフリカというよりはアラブ色に満ちていた。

雨が降ると、その小径に覆いかぶさるようにして枝葉を広げている植物が、熱帯の色を一層どぎつく現した。ヤシの鋭い葉先は、雨雲を突き刺すように風の中で揺れた。大通りの酒場からは、強烈なアフリカのリズムが遠慮なしに電灯のない暗い裏街のあばら屋に流れ込んで来た。音につられて大通りに出てみると、どこの国の人間とも言えないような雑多な顔つきをした海の荒くれ男たちが、店の内外で騒いでいた。そして、その合間をわずか十歳そこそこに見えるアフリカ人の少年が、ヒョコヒョコと大人たちの間を跳びまわって、ポンビキまがいのことをしていたのである。

わたしは「さて、これからどうしようか」と思った。いずれにせよ、向かうべき方角は日本である。三つ四つの案を立てた後、とりあえず、アフリカ大陸の沿岸を北上して、当時はフランス領であったジブチのあたりから海を越え、アラビア半島の南端に出ることにした。そこからはインドを経て東南アジア方面に出る船を見つけることができるだろうという、のんきと言えば実にのんきな案である。モンバサから日本までおよそ四、五か月。そんな時間の見当もつけてみた。

早速、モンバサ港近辺の船会社巡りをはじめ、近所での情報集めに着手した。人の親切というものは、時には頼りにならないものである。「兄が船乗りだから、あなたをアラビアまで運んでくれるかも知れない」などという話を頼りに、その兄の家まで歩いて行った。すぐ近くだからという言葉を本気にして、二時間も三時間もかけて当人に会いに行ってみたら、なんとその男は小舟で魚を捕っている漁師だった、などということもあった。

しかし、船は案外簡単に見つかった。イタリアの貨物船が、三日ほど後にモンバサに寄港するので、それに乗せてくれるというのである。そのまま乗船していれば、船はわたしの予定通りのコースを通って大陸の沿岸を北上し、ジブチを経て、エジプトのカイロをまわってイタリアまで行けるのだ。わたしはいっそのことそのまま終点まで行ってしまうのも悪くはないと思ったが、心の中ではアフリカを見に来たのだという思いも強かった。結局は隣の国、ソマリアでひとまず下船し、何日か滞在してから、また別の船を見つけて旅を続けようと決めたのだった。

私にひれ伏す男たち

小雨の降る午後、黒ずんだ沖に向けて船は出港した。船内にはたしかにイタリア人船員の姿がちらほら見えたが、船自体はどちらかと言えば無国籍で、倉庫がそのまま海に浮いているといった感じの薄汚れた中型船だった。貨物船だと聞いていたが、中には、数十人のアラブ風の男たちが乗客として乗っており、わたしも彼らとともに、甲板の下の大部屋の蚕棚式のベッドのひとつをあてがわれた。彼らはほとんどがソマリア人だった。

わたしの隣には体重百キロを楽に超すと思われる大男が寝た。アブドッラというありきたりのイスラム教徒名を持ったその男は、わたしが日本人だと知ると、「それなら宗教はビアンビアンフイか」と言って、おどけて仏教徒の礼拝を真似して見せた。ビアンビアンフイとは、多分、〝南無阿弥陀仏〟の口調を真似たものなのだろう。アブドッラはなかなか気さくなソマリア人で、初対面の者たちを次々に笑いの中に引き込んだ。わたしはソマリ語がわからなかったのだが、多分、彼はユーモアに長《た》けた男だったに違いない。

夜、第一回目の食事となると、蚕棚から起き上がった男たちがゾロゾロと食堂に集まった。その場でわたしは改めて、これがイタリア船であることを確認した。なにしろ目の前の皿にドサッとスパゲッティが盛られ、ドドッとチーズがかけられたからである。わたしの周囲の連中は、それを事もなげに胃袋にほうり込むと、またゾロゾロと蚕棚に戻って行って、寝ころんだままおしゃべりを始めていた。

船はさほどの揺れもなく順調に進んでいた。わたしはソマリ語ができないので、周囲の者たちの楽しそうな会話に加わることもできない。それに疲れてもいたのだろう。知らないうちに眠り込んでしまったものらしい。

なにかの拍子で目を覚ますと、裸電球が三つ、四つ鋭い光を投げかけているだけの室内には、人の気配が消え失せていた。どの蚕棚も、いつの間にかもぬけの殻になっているのだ。わたしはたった一人だけ無人の倉庫に閉じ込められてしまったかのような気がしてきて、薄気味悪かった。

しかし、船内には何か異常事態が起こったという様子はない。わたしは不思議に思って、ベッドから起き上がり、蚕棚の間の細い通路を抜けて、甲板へと通じる梯子段のところにやって来た。そこから甲板に出るには、梯子段を登り、甲板を上に押しあげるようにして戸を開けるようになっているのだ。下水溝に潜っている者がマンホールを押し開けて、ちょっと路上に首を出すといった具合である。

そのようにして首を出すと、わたしは思わず、「あっ！」と、声を出しそうになった。まだ星が消えていない夜明けの空の下の甲板に、ひざまずいた男たちが数十人、一斉に両手を挙げ、一斉に頭を下げ、かと思うと甲板に額をこすりつけんばかりの姿勢で、わたしに向かってひれ伏しているのである。

とっさのことで、何が起きているのかという判断がつかなかったが、言うまでもなく、彼らはわたしを拝んでいたのではなかった。敬虔なイスラム教徒である彼らは、全員そろって朝の第一回目の礼拝を神（アッラー）に捧げていたのである。そして、わたしは彼らが面している聖地（メッカ）の方角から、ちょうどその時ヒョッコリと顔を出してしまったというわけなのである。船はメッカがある北を向いて走っていて、わたしの位置は船首に近かった。だから、考えてみれば当たり前の光景なのだが、こんなことに瞬間的に気がつかなかった自分がおかしくて、ベッドに戻るとわたしは笑いがしばらく止まらなかった。

タライに乗って入国

〝アッラーのお陰で〟何事もなく船がソマリアのモガディシオ沖に着いた、と巨漢アブドッラに言われたのは出発から二日後の朝だった。

船縁に立つと、彼方にはずらりと並んだ真っ白い石造りの建物の不規則な直線が青空の下で光っていた。それはどことなく、イタリア映画の画面の中で見たことがある地中海の町を思わせた。

「船はこれ以上、町には接近できない」と船員が説明した。海が浅くて危険なのだそうである。それならば、どうやってわたしたちは上陸するのかと思っていたら、なんと、しばらくするとちっぽけなハシケが近づいて来て、ロープのようなものを用意し始めた。わたしたちは、大きなタライに数人ずつ乗せられて、そのまま海上にドスンと降ろされた。すると、下で待っていたハシケがそのタライを引っ張って、陸地の方へと近づいて行ったのである。タライに乗っての入国とは、初めから珍しい体験をしたものである。

入国と言っても、その機能を果たすような施設はまったく見当たらない。わたしの方から役人らしき男を探し、入国の許可を求めると、とりあえず国賓館に行き、そこに落ち着いたら夕方にでも外務省に出頭して来いと言われた。言葉はソマリ語ではなくてイタリア語だったので、わたしの方も気が楽だった。

この町では、ソマリ語が駄目な場合はイタリア語かアラビア語に頼ること。わたしが学んだこの町での生活第一課であった。

外国からの役人などを泊める宿舎は、見るからに官庁らしい飾り気のないビルだったが、内部は立派にできていた。その中の広くて明るい一室をあてがわれて、わたしは満足だった。しかし、試しにシャワーをひねってみると、水というよりは肌にべっとりとくっついてくる油のようなものが頭上から降り注いだ。電灯は、ちょうど停電中とのことで、そちらの方の点検は夜を待ってということになってしまった。

階下のロビーに下りてうろうろしていたら、見るからに頭の切れそうな顔をした青年が話しかけて来た。彼はロシア人であり、ソマリ語文法を書いているということで、わたしとはすっかり話が合ってしまった。

わたしはソマリ語に関しては、その当時は何一つ知らなかったので、彼の話は役立った。ソマリ語の場合、二十世紀の前半に文字使用運動が起こりかけたのに、主に国内の知識人の反対でそれが立ち消えになったこと、多言語国が普通であるアフリカで、ソマリアは例外的にほぼ全土がソマリ語一言語国であること、などの話を聞いたが、その数日後、ある政治集会でその実態を見て改めて驚かされたのだった。

独立以前のソマリアは、北西部がイギリス領、それ以外の地域はイタリア領であった。そのうえに、現在の国境からはずれた外部の領域、すなわちケニア領の北部、エチオピア領の東部、そして旧仏領ジブチをも、本来はソマリア領であるとする見解を持つ国である。ここではその国境をめぐる歴史的な政治問題には触れないが、単一言語国家にして、無文字社会、かつ数か国による植民地支配を受けた国での言語状況は予想以上に複雑なものであった（現在はソマリ語はラテン文字を使用）。

わたしが参観を許されたある政治会議では、本来の大ソマリアとみなされている全地域から参加してきている代表者たちが同じソマリ語で討論しながらも、ノートをとっている言語と文字は、出身地ごとに異なるという奇妙なものだったのである。ある者はイタリア語で、ある者はアラビア語で、またある者は英語で、スワヒリ語で、フランス語でといった具合なのである。

電話で話せば同じ言語なので簡単に通じるのに、手紙で書くとなると、南部の者はイタリア語でしか書くことができない。その手紙をもらった北部の者は、書き言葉としては英語しかできないから、イタリア語の手紙では意味がわからない。仕方がないから翻訳者を探しにかかる。何たる不便、何たる無駄、とわたしは思う。しかし考えてみれば、知識人たる者、どの時代、どの世界でも、こうした不便、無駄を教養の証《あかし》として頑固に守り続けてきたのである。昔の日本での漢文使用、昔のフランスでのラテン語使用、みんな同じ例なのだ。

さて、話を元に戻してみよう。夕方になって約束どおりに役所に出向くと、入国手続きもそこそこに、中国からの手紙を見せられて、その内容のイタリア語訳を頼まれた。見れば、中国の大学からの普通の通知書の類である。その場で何通かを口頭で訳してみせると、わたしは役人たちにすっかり重宝がられることとなった。当時、ソマリアとは国交がない日本人は入国できないことになっていた。それに、当時の日本のパスポートは訪問目的国の名だけが記入されているもので、わたしのパスポートには訪ねてよい国にソマリアの名は入っていなかった。また、ソマリア側のビザも、当然、持っていなかった。そんな状態であるにもかかわらず、わたしは歓迎されたのである。

余談だが、その後もこの種の経験がわたしには何度かある。ある時、カリブ海のハイチに行くのに、サンフランシスコの領事館に行くと、領事が「日本人はビザ不要」だと言った。ところが、フロリダ空港で飛行機に乗ろうとすると、「ビザなしでは乗せられない」という。そこでフロリダにある領事館に電話をすると、話しているうちに意気投合して、領事がわざわざ空港までかけつけてきて、わたしのパスポートに「この人物を入国させるように」と、ペンで黒々と書いてくれたのだ。珍しい記念となった。

また、インド洋のコモロ国ではビザなしに空港に着き、入国管理の役人と話しているうちに、いつのまにか入国してしまっていた。出国の際、空港の役人が入国スタンプのないわたしのパスポートを見て、「あなたはどうやって、この国に入国したのですか?」とたずねた。「そう言えば、わからぬうちに素通りしてしまった」と話すと、「それではどうも都合が悪い」と、なんと出国スタンプの後に入国スタンプを押してくれたのだった。

さて、ソマリアに無事に入国したわたしは、「これは幸先がいいぞ」とうれしくなってきた。こういう国では、人のツテは宝なのである。

14 砂漠を越え、ジブチへ

カフェでの政治談義

一九六一年のソマリア。

イタリア植民統治時代の影が強く残されているイスラム教徒の町モガディシオは、わたしがそれまでにアフリカ諸国で見てきた都会とは非常に異なった所だった。

当時は日本とは縁のあるはずもない国なのに、路上で声をかけて来た見知らぬ男が、北九州の炭鉱争議についての意見をわたしに尋ねてみたり、そうかと思うと、突然その話題を変えて、日本との友好のしるしにと何がしかの金をわたしに無心したりした。

「アサヌマという人物が、アメリカ帝国主義の手先に殺されたのを知っているか」（社会党・浅沼稲次郎刺殺事件）とわざわざ宿に告げに来て、その事件についての思いもよらぬ解説をわたしに聞かせて驚かせた者もいた。イスラム教の国なので、町のカフェにたむろしているのが男ばかりであるのは当然だが、人々は顔を合わせると政治の話にふけってばかりいるのには少々まいった。

アメリカとソ連と中国の三国からの代表部は、町の中でも際立った姿と力を見せていて、人々の屋外での日常生活にいろいろな形でかかわりを見せていた。代表部主催の映画会あり、政治教育の会あり、友好の集いありといった具合なのである。

国土のほとんどが砂漠同然の荒野であり、当時の国民の非識字率は九九％とも言われていたその国では、町の住民で文字が読める人物ならば誰もが、ソ連、中国、アメリカのいずれかの国に留学する可能性を持っているかのようにさえ見えた。

当然のことながら、受け入れ国の費用持ちで、青年に留学を勧める声はいくらでもかかってきた。行きたい国の選択に迷っている者さえいるように思えた。カフェでわたしと知り合った人々は、ほぼ全員が留学の経験者であり、かつ学業中途帰国の者だった。よく言葉をかけて来た男は、モスクワに留学したが、なんとその専攻科目が林業だった。砂漠の国にある彼の故郷の生活空間には、木材どころか、草すらもほとんど生えていないのである。彼は寒いソ連に三か月で見切りをつけて帰国、しばらく休養をとった後に、次はアメリカに行ったのだが、そこでの生活は自分にはどうも性に合わないとのことで数か月で帰国して、今度はカフェにたむろして、共産主義や自由主義についてのコーヒー屋談義に励んでいたのである。

町はずれの国営の宿舎での滞在は、わたしには宿代がかさむのみか、土地の人に触れるにしても不便なので、人通りの激しい目抜き通りの中ほどにある小さなホテルに三日ほど後に引っ越した。おおらか過ぎるほどおおらかなイタリア人のおじさんがいて、「やあ、日本人か。この前の戦争ではドイツ野郎がいたんで負けてしまったが、日本とだけ手を組んでいれば、絶対負けていなかったんだ」というようなことを大声で言って、身ぶりも大きく、陽気にわたしを迎え入れてくれた。

宿の二階には三部屋しかなく、その一つにはエチオピアからの亡命者が入っていた。周囲の動きには非常に注意深い男で、年齢は二十代の半ば過ぎに思えた。細身の浅黒い体が薄暗い部屋の中をスーッと物音をたてずに動くと、その姿は彼が影の中の男であることを改めて思い起こさせた。

わたしたちはすぐに仲良くなったが、ともに外に出て歩くというようなことはしなかった。彼の身辺は、わたしの理解を超えた世界に包まれていて、一言で言えば、危険だった。

彼は、日露戦争から第二次大戦に至るまでの日本の軍事の動きや、明治以後の日本の西洋化と発展についての大筋は知っていた。そして、その時代のアジア・アフリカにおける日本の力量がすばらしいと言ってほめた。そのような歴史の解釈については、わたしとはいろいろと意見の食い違いが見られたが、彼は決して激せずに、落ち着きを持ってわたしの意見に対応した。

彼の亡命理由は、当時はエチオピアの神でもあったハイレ・セラシエ皇帝の支配を覆す企てに失敗したことにあった。仲間を失い、砂漠の中を九死に一生を得て逃亡に成功。そして、この土地で亡命生活をしばらく続けるようになっていたのだった。

エチオピアの社会改革が必要である理由、革命の実践、その他さまざまな話を彼からは聞くことができたが、何にもまして彼の心の奥深く沁み込んでいる事柄が、わたしに強い印象を残した。ハイレ・セラシエ皇帝に抵抗することは神にたてつくことと同じことではないかという怖れが、彼の体に深く根を張っていると知った時は、人間の育ちに与える環境の力の強さに改めて驚かされた。


わたしはモガディシオの町に長く滞在する余裕はないので、すぐにでも北に向けて出発しようと思った。そこからアラビア半島に渡り、帰国の途につこうというわけだ。カフェで知り合った若い役人にソマリア縦断の旅に出るので、ソマリアの全国地図を入手したいと頼むと、なんと一九三〇年代の〝イタリア植民地〟と印刷された地図を持って来た。「これは古い」と、わたしは彼に言った。すると、その男は「いや、新しい」と、怒ったような表情で言う。新しい、いや古いと、そんな言葉のやり取りをしているうちに、その男が言わんとする意味がわかってきた。彼は、その地図をたった今、買って来たばかりの物だと言っていたのである。自宅に置いてあった古いのを持って来たのではなくて、買いたてのホヤホヤで新品だということなのである。わたしは、これは大変なところに来てしまったようだと、行く先を案じ始めた。

夜、美しい星空が見える修道院の中庭のような所で、イタリア料理を食べている時、立派な紳士と知り合ったら、その人はソマリア軍最高の地位にいる人物だった。彼はわたしのソマリア縦断旅行の計画を聞くと、一枚の紙を取り出して、「この人物が必要とすることがあったら、軍隊の者は援助を与えるように」というありがたい紹介状を書いてくれたのである。その一枚の紙は、その後のわたしの命の綱となったのだった。

悪霊も逃げ出す土地

翌日、北部に行くバスをホテルで教えられて停留所に行った。薄汚れたバスが停まっていた。そのバスのそばで半日待ったが、バスは動かなかった。翌日の午前中もそのバスのそばで真面目に待っていたのだが、やはりバスは一センチすら動く気配がない。午後からは適当にその場を離れたりしながらも出発を待った。そして翌日、バスはついに動いた。しかし、ほんの一時間ほど北に向けて移動したと思ったら、「ちょっと故障です」ということになってしまった。次に車輪が回転を始める時刻は、アッラー（神）のみが知るというわけだ。時の流れとは無縁の生活を送る数人の乗客と別れを告げ、わたしはバスを降りることにした。

モガディシオでは、町の最後の家から向こうは、果てしない荒野である。わたしが取り残された小集落は、その広大な荒野の中のさびれた野営地のような所だった。

一人の老人がわたしに、「おまえさんの所にはヒツジがいるかね」と尋ねたので、その問いの真意を深く考えずに、「いませんよ」と答えてしまったのは失敗だった。彼はこの返事を聞いて、わたしの出身地にはすでに食料がないものと思い込んでしまったからである。すなわち、わたしは食料が尽きてしまった故郷から逃げて来たものと決めつけられていたのである。

わたしはこの土地に来る以前にフランスの書物を通して、〝悪霊も逃げ出す土地、ソマリア〟という表現を知っていた。それほど、ここは恵みの少ない土地なのだ。人間が生きるために、文字通りに自分の命と闘っている。そんな現実がいよいよ目の前に見えて来たと、わたしは感じた。ジープに乗った兵隊がやって来た。わたしが町で手に入れた例の紹介状を彼らに見せると、その効果は予想以上に強力なものだった。

その時からわたしの予定のない旅が始まった。地上で目に入るものは大地の起伏と薄茶色の岩と、車がまき上げる土ぼこりだけだった。地上では、時々、申し訳程度にチョボチョボと生えている砂漠の草が見えることもあった。頭の黒い、犬ほどの大きさのヒツジが数頭、人間をひき連れて、そのささやかな草を求めて地上をうろつきまわっていた。ヒツジを追う遊牧民！　とんでもない。牧されているのは人間の方なのだ。彼らは痩せ細ったヒツジたちに引きまわされて、かろうじて生かされていたのである。

旧イタリア領を抜け、旧イギリス領ソマリランドに入ったのは、アビシニア高原の近くだった。その頃は、わたしは別のジープの乗員となっていた。そして、イタリア語ではなくて英語を話すキャプテンと、狙撃兵のアリと、そしてわたしの三人で、エチオピア国境沿いに、偵察を兼ねた不規則な移動を重ねながら国を北上した。

すでに三週間、わたしは野菜というものを一切口にしていなかった。いや、普通の水すらもほとんど目にはしていなかった。食事をするのも、朝、昼、晩というわけにはいかなかった。ありつけるのはヒツジの肉、その他に口を通過するものはラクダやヒツジのミルクだけだった。食事のことを考えると、どういうわけか全身がカッと熱くなった。

ある時、荒野の遥か彼方に一頭のレイヨウの姿が見えて、わたしたちは風下からジリジリと近づいたが、射程距離に入る直前、そのレイヨウに逃げられた。それでその日は、ヒツジの細いもをかじっただけだった。

非日常的な日常

エチオピアとの国境の土地、アブドゥルカーデルでの出来事は、今でもよく覚えている。名前だけは立派だが、雑な造りの家がいくつか並んでいるだけのその土地に夜遅く着いて、わたしたちは地べたにヒツジのように寝た。ところがその夜中に、ライオンが出たのである。周囲にいたヒツジが何頭も無残に殺され、食い荒らされたのだ。

自分の身のすぐそばで、そんな事件があったことを一切知らずに熟睡することができたのは、良いことなのか悪いことなのか、わたしには判断しかねた。ただ、そんなことが日常の一コマであるような世界に、自分がすっかり溶け込んでしまっていたことだけは確かだった。

北部の町、ハルゲイサはソマリアの第二の都会であるが、そこは西部劇に出て来るようなレンガ造りの家々がボソッと並んでいるだけの田舎町だった。

広い土の道路を一人で歩くと、そこここから不審な表情をあらわにした顔が覗き、わたしのことをジッと見つめた。その中の一人が腰をかがめて、地面から拳ほどの石を拾うと、そのままわたしに近づいて来て、「おまえはイギリス人か」と尋ねた。返事次第では、その石で殴ろうとでもいうのだろうか。幸いわたしはイギリス人ではない。助かったと思ったら、今度は別の方角から、枝を振り上げた男が直接襲いかかって来た。そちらは頭が少しおかしい男で、別の男にすぐ取り押さえられ、建物の中へと連れ去られた。

泊まった宿には、イスラム教の教えに従って酒こそなかったが、男たちはカートと呼ばれる植物の葉を噛んでいた。それは酒と同じような酔いの効果をもたらすのだ。

うつろな目をした男が、「おまえも噛め」と言ってカートを味わわせてくれたが、決して味の良いものではなく、わたしは興味を持たなかった。その男は「日本にもヘルブレスがいるのか」とわたしに尋ねた。〝ヘルブレス〟とは何かと思ったら、それは英語のヘルプレスから来た単語で売春婦を意味していた。ソマリ語では〝プ〟が〝ブ〟になっていたのだが、そんな単語を突然言われても、わたしには分からなかった。「民主主義の国、日本にヘルブレスがいないとはなんだ」と、その男は酔いにまかせてわたしにからんだ。

ソマリアは男の国である。女の姿は景色の一部としてしか他人の目には入らない。宗教が男女の同席を禁じているからだ。しかしそれでも特殊な女の世界は存在するのだろう。夜中になると、女たちの嬌声がどこからともなく聞こえて来た。

砂漠の旅では音に飢えた。自分たちが作り出す音の他には、自然も生き物も音を立てない。瓦礫の山のような場所をめぐり、死んだ谷（雨が降れば、そこは川となる）を通り、空と大地の間を静かに移動する。

数日後には、久しぶりに入道雲を行く手に見て海が近いことを知った。荒野の向こうに詩人のランボーが見たに違いない海と空がそのまま残されていた。ゼイラだった。

そこからは一人旅がまた始まった。仏領ジブチ国境をめざしての砂漠の旅である。そしてついに、目の覚めるような青空の中にフランスの三色旗を見た時は、「着いたぞ」と思わず心の中で叫んだ。

砂丘の向こうから三つの黒い人影が現れ出て、三つの銃口が静かにわたしを迎えていた。フランス外人部隊の斥候だった。

15

白いシーツと寂しい夜

映画のような展開

砂漠も不思議なところだが、国というのはもっと不思議なところだと思う。ひとりで砂漠を歩いていたら、いつの間にか別の国に入っていた。上を眺めてみても、大空には仕切りはない。地上を見渡してみても、遥か彼方にほぼ円形にぐるりと巡らされた地平線のほかに目に入るものもない。わたしが中心に立っているその巨大なお盆の表面は、多少のうねりがあるだけである。三十何日という日々の旅の間に、わたしが出会ったさまざまな出来事を示す刻印が付いているというわけでもない。

ただ妙なことには、軍服で身を固めた三人の兵士が、前方にヒョッコリと現れ出て、わたしにライフルの銃口を向けて立ちはだかっているのである。

映画で見たことのある外人部隊だと気がつくと、わたしは何か懐かしい人に思いがけず出会った気がして嬉しくなった。だが、わたしに向けられている三つの銃口を目の当たりに見ると、命が危ないという気持ちで身がひきしまった。

その時、自分がどんな格好をしてみせたのか、わたしには全く覚えがない。ただ、〝降参〟する時のように、両手を上にあげたように記憶している。それは映画の一場面でのように、パッと潔く両手を天に向けて上げるなどというのではなくて、どこか中途半端に腕をそろそろと適当に上げ、腰つきなどはヘッピリ腰であったかもしれない。

何もないはずの砂漠の彼方から、アフリカ人ではない人間が一人でノコノコ歩いて出て来た。これには兵士たちも驚いたに違いない。実際、それは常識ではあり得ないことなのである。

「おまえ、どこから来た」と、兵士の一人がフランス語で叫んだ。丁寧な〝あなた〟ではなくて〝チュ（お前）〟という語を使ってのあきれたという調子の声だった。

どこから来たかと問われても、わたしは困るのだ。日本からはるばるやって来ましたと答えるのもおかしい。背後にひかえるソマリア共和国からやって来たとあえて言うのも、見ての通りその土地からここに入って来たばかりなので妙なことである。後ろをさして、あっちからやって来ました、というのはちょっと相手を馬鹿にしてはいないだろうか。いっそのこと「わたくし、ただ今、ソマリア国より無事にフランスに到着いたしました」と、兵士のように直立不動のポーズをとって言ってみようかとも思ったが、結局は背後の漠とした空間の彼方を指して、「あっちから」とだけ答えた。

わたしは彼らの敵ではない。もちろん味方というわけでもない。妙なやつだとはいえ、決して危険なやつというわけでもない。彼らはそのように判断したのだろう。

銃口を下に向けると、近づいて来て、「本部まで一緒に来るように」と言って、わたしに前進するようにと促した。

わたしは歩きながら彼らと少し会話を交わした。三人ともアフリカ人で、二人はマダガスカル人、もう一人はモロッコの出身だと言った。すぐ近くまで軍用道路がきていて、ジブチの町までは車で行けば一時間もかからずに着くなどと話してくれた。

正当入国者、収容所入り

やはり北アフリカを舞台にした映画で見たことのある野戦用のテントがあり、そこでフランス人の将校に会った。事情を説明すると、きわめて事務的にわたしの話を聞き、少なくともフランス入国(?)を認めてくれた。断っておくが、わたしは有効なパスポートを持っていたし、ナイロビ出発前からフランスとイギリスのビザも取得してあったのだから、それは当然と言えることでもあるわけだ。

「収容所に入れておくように」と、その将校は一人の兵士に命令した。「その前に水を飲ませてくださいませんか」とわたしが頼むと、水は兵隊の必要分しかないから駄目だと、あっけなく断られた。ひどいやつだと思ったが、こちらはとりあえず不審な正当入国者（?）の身なのである。立場が悪いので、将校の言うがままにまかせて、半日ほど後には町に着けるという希望に思いを寄せることにした。

収容所は、テントから歩いてさほど遠くはないところにあったが、それは名前だけのもので、砂漠に直径二十から三十メートルほどの円形の雑な囲いを、棘のある細枝を組んで張り巡らせただけのものだった。もちろん、屋根もなければ見張りらしい者もいない。その囲いの中に十人近くのソマリア人の男女が、ニワトリのように放たれていた。「あの人々はなんですか」とわたしを連行した兵士に尋ねると、不法越境者だとのことだった。「ナバッド（こんにちは）」とわたしがその不法越境者たちにソマリ語で挨拶すると、珍獣を見るかのようにわたしをいぶかしげに眺めていた人々に、安堵の笑顔が戻った。

それから数時間もたたないうちに、また兵士がやって来て、「軍用トラックが着いたから、それに乗って町に行くように」とわたしを収容所から釈放してくれた。

数人の兵士とともにトラックに乗り、来た時と同じ何もない砂漠の中を、首都ジブチに向けて移動を開始した。ただ、それ以前と異なるのは、わたしはちゃんとした道路の上を久しぶりに快適に走っていたことだった。

どれくらいの時間がたったのか思い出せない。出発したときは、太陽がだいぶ傾いていた。だが、まだ明るいうちに、車はジブチの町の中に入っていた。気持ちとしては、アッと言う間に着いたのである。

当然のことなのだが、着いた所は都会なので大小さまざまな建物が道路をはさんで並んでいた。店には人が出入りしていた。次々に自動車とすれ違い、石畳の歩道の上には人々が他人のことなど一切お構いなしに歩いていた。そんな当たり前のことが、強烈な印象をわたしに与えた。それから巷の喧騒が耳に入った。車の音、人々の声、店の中で起こる物音。そこまではよかった。

しかし、トラックが街角を曲がる時、そこにあるカフェの中からピアノの伴奏でシャンソンを歌う女の声が聞こえてくると、どうしたわけか、わたしはゾッとするような寂しさを味わった。

考えてみれば、砂漠のひとり旅で、わたしの頭に時として浮かんだことといえば、何か音を聞いてみたい、周囲に何か物音がしないものだろうか、ということだけだった。

なにしろ、砂漠や荒野では、自分がたてる音のほかは、静寂だけである。砂漠は海だという人がいる。それは確かにそうだと思う。大地の大海原には起伏の波もあり、海のように風も吹く。ラクダという砂漠の舟も時々行き交う。しかし、そこには波音もなく、風の吹く音もない。不気味な海である。だからわたしは、時々、地面の上で意味もなく足踏みし、みずから音を立てて心を慰めたものだった。

そんな状態をまだそのまま心の中に残しているのに、不意に、巷のさんざめき、そして都会的な歌声が、全身に襲いかかってきたのである。予期せぬ出来事に、わたしらしくもなく精神的にショックを受けたに違いない。

町の中央でトラックを降りると、わたしは小さな宿を見つけ、そこでささやかな夕食をとった。スパゲッティを食べ、小瓶のビールを一本飲んだ。まったく久しぶりの食事らしい食事である。椅子に座り、テーブルに向かい、フォークとナイフを使い、他人の視線を一応は気にしながら、食べ物を口に運んだ。そして「ついに、この世に戻ったぞ！」とわたしは改めて自分に言い聞かせた。

夜、木造りの窓から顔を出すと、街の灯の色と光が、人間のにおいを感じさせた。近くのバーからは、先ほどとは異なった物音と声とが、付近一帯にあふれ出していた。それがまた、どういうわけか寂しかった。わたしは、何が何でも、翌朝には町から逃げ出そうと心に決めた。もう一度砂漠に引っ込み、心の調整をはかろうと考えたのである。

そうなると、眠っておかねばならないと急に思いつき、本当は安物でしかないのだが、その時はどこかの博物館の高級陳列物かのごとくに見えたベッドの白いシーツの上に、ゴロリと身を横たえた。上には白い天井があった。それを眺めながら、わたしは背中にガサガサした茶色い地面の触感を思い出そうとした。それから上方には星が散る紺碧の空を見ようとした。

しかし、たった一日前まではごく身近にあったその世界が、もはや遥か遠くに去ってしまっているのを認めないわけにはいかなかった。

旅の話がとりもつ縁

目を覚ました時は、窓の外はまだ暗かった。その薄暗がりの中でじっとしていると、わたしの心の中に〝エチオピア〟という単語が突如として姿を現し、体の中で騒ぎ出した。

「そうだ、アディスアベバに行こう」。行く先が定まるともう、わたしは宿を出ていた。出発の準備など、宿代の支払いを済ませるだけでよいのである。小さな包みひとつをつかみ、体を持ち上げ、歩き出せば終わりである。エチオピアに行く飛行機は、汽車は、バスは、と順に交通手段を考えて、そのようなものの有無も、時刻表も、出発点となる飛行場や駅がある場所も知らずに、とりあえず歩き出した。三、四人の人物から情報を集め、航空会社の事務所にいくと、運良くも、朝一番の飛行機の席を得た。そしてそのまま空港に行き、エチオピアの首都アディスアベバに午前中に着いてしまった。

その時まで、自分の身なりは一切気になりはしなかったが、アディスアベバ空港の入国審査で初めて我が身の出で立ちが気になった。靴底には大きな穴がボツボツとあいているし、着替えなしに大旅行をしたままの服は太陽の光ですっかり色があせている。ズボンのすそは擦り切れて前衛芸術作品のごとくになってしまっている。そんな我が身の風体に、役人の質問で気づかされて、これはマズイと反省した。

「何が目的での入国ですか」と、役人は、髪の毛はボサボサ、肌は乾き、その色は何国人とも言えない褐色、そして妙な服装、荷物なしというわたしを前にして、興味あり気に尋ねたのである。その場でまたもや手短に砂漠の旅の話をし、空港からは「町の真ん中に」と言ってタクシーを飛ばし、アディスアベバの中心部に立つと、「わあ、渋谷だなあ」と、思わず独り言を言ってしまった。忠犬ハチ公の像の前から、広場越しに町を見た景色とその場はとてもよく似ていた。その雑然とした感じ、それに人々の物腰、なんと、人と人とが出会うと日本のようにお辞儀までするのである。

店をのぞいてまわったりしてしばらくブラブラしていると、四十歳ほどの端正な顔をした紳士が声をかけて来た。そして、またもやわたしの旅の話をすると、その紳士は「そのような旅、それこそわたしが若い時にぜひ一度試みたいと思って、若い頃にギリシャからアフリカにやって来たんですよ」と、こちらが恥ずかしくなるほど誉め讃え、「そんな人物と出会った記念に、何か自分にもさせてくれ」とわたしを靴屋に引っ張って行き、軍隊の人間が履くような牛皮の立派な探検靴を買ってくれた。彼は、多分、わたしの身なりを見て、とにかく下からと思ったに違いない。名前すら知らずに別れてしまったが、わたしはギリシャという国名を聞くと、その男のことを今も思い出す。

再び一人になり、裏街に入り込むと、どうも妙な雰囲気をかもし出している小さな泥造りの家がびっしりと建ち並ぶところに出た。それとなく通行人に尋ねてみると、そこは売春地帯だとのことである。

その辺りをうろうろしていると、土ぼこりが立つ道に一台の自動車が走って来て、わたしのそばを通り過ぎそうになってから急ブレーキをかけて止まった。そして、中から「もしや、日本の方ではないですか」という日本語が聞こえたのだった。なんとそれは日本の大使館の人々だった。わたしはそのままその車に同乗して、不思議なことに〝大日本帝国大使館〟と書かれている日本大使館に向かうことになった。

「あのソマリア縦断か。日本建国以来の快挙をしでかしたね」と、大使館の人々からは大げさに誉められ、たしなめられ、叱られ、可愛がられて、二日間ほど泊めていただき、その間に服装を整え、床屋で髪をさっぱりとさせ、わたしは再び一人旅に出発した。

今度はアビシニア高原を陸路下って、海岸地帯へ戻ろうというわけである。

なにしろ高地を下って海辺へ出るという大雑把な旅である。汽車に乗り、うとうとしていたら、わたしの向かいの席にニワトリを逆さにして足を掴《つか》んでいる男が座った。愛想が良いのは楽しかったが、しばらくすると、退屈しのぎなのかその生きているニワトリの羽をむしりはじめた。そして大きなナイフで体を切りはじめたのだ。「うわー、殺してから料理したらどうですか」というようなことを身ぶり手ぶりで示すと、怪訝そうな顔をして、料理すれば死ぬから大丈夫だと言う。わたしの足元には次第に血の川ができ上がった。これはえらい所に座ってしまったと、わたしは思ったが、そうかといってどうすることもできない。ただ、じっと耐えるのみであった。

ディレダワに着き、一旦、汽車を降りた。駅の名を見たら、詩人のランボーを思い出したからである。彼がその地に滞在していた頃の雰囲気が少しは感じられるかもしれないという気になったのだが、町をぶらつきはじめるとどこからか子どもたちが集まってきて、盛んにはやしたてはじめた。わたしが歩く後ろからゾロゾロとくっついてきて、離れない。わたしはまるで〝乞食の王様〟になった気がしたが、それがあまり続くので、ついに町から逃げるようにして汽車に乗った。

16 ランボーが弱音を吐いた街

さらばアフリカの大地

ソマリアは〝アフリカの角〟と呼ばれる。アフリカ大陸の北東部にあるその角の先端がジブチで、わたしが訪ねた頃は、まだフランスの海外領土の一つだった。

隣国エチオピアの首都、アディスアベバで、長かったソマリア縦断の旅の疲れを癒し、それからおもむろにアビシニア高原を下り、再度ジブチに入ると、この前の時は精神疲労をおぼえたフランス風の都会的な雰囲気が、今度はすんなりと身に馴染んだ。

ギリシャ人が経営する商店も多かった。わたしは軍靴のようにごつい自分の革靴を見せて、親切なギリシャ人紳士からそれを贈られたいきさつを通りがかりの店の主人などに話した。それは、わたしのソマリアの砂漠での冒険談を兼ねた自己紹介となるのみか、フランス人社会の中に置かれていて不利な点も何かと多いはずのギリシャ人の素晴らしさを証明することともなった。彼らを勇気づける手助けともなったのだ。そして、そこからくる共感のようなもののお陰で、わたしは意図せずに行く先々で良い目にあうことができたのだった。

ありがたかったことの一つは、このアフリカ大陸の一隅から外の世界へと脱出する術《すべ》を、彼らがいろいろと考えてくれたことである。なにしろ、年も明けようとしているし、日本ではわたしを送り出してくれた人々が、すでに二か月ばかり音信不通となっているわたしのことを心配しているに違いない。とにかく、アジアに向かって帰国の途につこうと、わたしは考え始めていた。しかしそうかといって、勿論、安い長距離バスでというわけにはいかない。海が行く手を阻んでいる。泳いで対岸のアデン（現在のイエメン南部）に渡ることも不可能だ。

いくつかの船会社を紹介してもらい、いろいろと便を探ってみたが、ジブチから対岸のアデンまでを結ぶ船は極端に少なかった。インド洋からジブチを経て、地中海方面に行く便はざらにある。また反対に、地中海から来て、アデンの港を経てインド洋に抜ける船も大小さまざま、いくらでも見つかるのだ。それなのに、ジブチとアデンを結ぶということが、どうも不都合なのである。

結局は、時間的にも経済的にも、小型旅客機の定期便でひとっ飛びということが一番楽だとわかり、わたしはその切符の手配を依頼した。断っておくが、わたしは無銭旅行に挑戦してきたのではない。金銭というものが存在しない奥地の世界をそれまでは転々として来たのであって、必要とあらば出入国の書類も整っていたし、それなりの金銭は身につけていたのである。飛行機代を払っても、まだ残りの道中に必要なくらいの金額はズボンの裏に縫いつけてあったのだ。

飛行機がジブチ空港の滑走路を離れると、たちまちのうちに眼下は海である。その青黒い海原を見下ろしながら、「アフリカも見納めか」とわたしは思った。その後、今日まで、実際には二十回以上もその大陸を訪れることとなってしまったのだが、その時は、もうこの大陸には戻れることは二度とないだろうという気がしたのである。

小さな窓に顔をこすりつけるようにして後方を振り返って見たが、アフリカの大地は、最早、視界の中にひとかけらもその姿を残してくれてはいなかった。

擂り鉢の底

思い出にふける暇もなく、今度は前方に、アラビア半島の先端が見えてきた。やがて、眼前に薄く茶色がかった色の、鋭い牙のような奇岩が見えてきた。

わたしが入り込もうとしている世界は、ソマリアとはまた異なった所であるように思えた。砂漠とはいえ、ソマリアにはアメリカの西部劇に出てくる瓦礫の山のような土地が圧倒的に多かった。極度に不毛の土地であるとはいえ、生命の一つ二つは維持できるくらいの緑は、探しまわれば見つけることも可能だった。それ故に、わずかばかりの人間が、わずかばかりの家畜に振りまわされるようにしてではあるが、地べたを這いずりまわりながらもかろうじて生きていられるのだ。

しかし、今、下界に広がっている土地は、生命を受け入れる、受け入れないといった種類のものではなかった。それは、死んでいる冷たい物体として、地上に静かに横たわっているだけのものであった。

平坦な砂漠から青空に向かって、文字通りに鋭い牙をむいてる巨大な奇岩を目がけて、飛行機はまっしぐらに突進した。そしてその脇を器用にすり抜けると、ガランとした空港に滑り降りた。

空港を出ても、わたしには行く当てがあるわけではない。アデンに関しては略図の一つ、観光案内の一冊も持っているわけではない。ただ、「この土地にも町はあるだろう」という当てずっぽうの予測があるだけだ。

「町の真ん中に行きたい」と、簡単なアラビア語でタクシーの運転手に告げると、連れて行かれたのは港町だった。後になってわかったのだが、彼ら、すなわちアラブ人の町は別の場所にあったのだった。しかし、わたしのような人相の人間は、そのような所に近づかないものだと運転手が勝手に気をきかせたのだろう。わたしが運ばれて行ったのは、ヨーロッパ人をはじめとする諸外国の人々が集まっていて、主に海運関係の仕事をし、限られた組み合わせの中で社交を楽しみ、

次ページ写真：イエメン、アデン、1961年、著者撮影

任期の終わりを待ちわびているような所だった。

海を背にして陸の方向を見ると、目の前には大きな裸の山があった。見るからにガサガサした地肌の、乾ききった岩山で、日が暮れて、あたりが静寂に包まれれば、きっと月世界の表面を思わせるに違いないと思った。

アラブ人が生活している所に行きたいと、身近な人々にその所在を尋ねると、それならば町に行けと、その方向を指示された。すぐそばだと言われても、どうせ二、三時間はかかるものと初めから覚悟を決めた。砂ぼこりが立つ道をスタスタと歩いて行くと、それほどの距離もない所にあった例の巨大な岩山には、冒険映画の作者ならばきっと興味を持つに違いないと思えるような岩の割れ目の入口があった。そこを越えると、突然、わたしは丸天井のような青空の下にいた。わたしは太陽の直射熱にジリジリと焼き焦がされている擂《す》り鉢の底に入ったことを知った。

その擂り鉢の底には、また新しい世界が開けていた。目の前では、アラブ人が群れをなして、ワッとばかりにうごめいていた。小さな商店が整然としているようで目茶苦茶に、目茶苦茶のようで整然と、広場をめぐってズラリと連なっていた。店々の壁には、アラビア文字が踊るように、暴れるように、騒ぐように書きなぐられていて、その前でターバンを頭に無造作に巻きつけた男や、スカートのようなものをだらしなく腰に巻いた男たちが、犬の吠えるような発音で、喉をつまらせたり、鳴らしたりしながら、喚《わめ》いたり、叫んだり、吠え立てたりして、何ごとか言葉を交わし合っていた。

顔を黒い布で覆った女たち、造り物のように美しい顔を誇らしげに出して急ぎ足で通り過ぎる八頭身のソマリアの女たち、わたしの周りを走りまわる子どもたち、わたしは今や、アラブ世界の真っただ中に自分がいることを感じた。

気持ちの高揚は、実は、アラブ人の世界に入り込めたということだけからくるものではなかった。わたしが十代の半ば過ぎに、取り憑かれるようにして読んだフランスの詩人、アルチュール・ランボーが、詩を捨てた後にこの地で書いた手紙の文句が頭の中で爆発したからであった。その文句はほぼ諳《そら》んじていた。「アデンは恐ろしい所です。草一本なく、飲むに適した水は一滴たりとも出てきません。海水を蒸溜したものを飲むのです……」。ランボーが弱音を吐いた火山の底に、自分も今、こうして立っている。目の前に見える景色は、ランボーが八十年前に見たものと多分、ほとんど変わってはいないだろう。アデン、そしてソマリアのゼイラの寂しい海辺と静かな砂漠、アビシニア高原での遊牧民との出会い、エキゾチックなディレダワの町の人々、自分がランボーと共有したはずのそうした思い出が一挙に頭の中に浮かび上がってきて、渦を巻き、心を揺さぶった。

思いがけぬ再会

町の中を少しうろつくと、すでにその時代に、日本の商品がイギリスやインドの品物に混じってショーウィンドーの中に雑然と置かれていた。確か〝芸者印〟の缶詰だったと記憶するが、このような食品、カメラ、万年筆など、日本では聞いたこともないような銘柄の商品が出まわっているようで、わたしには物珍しかった。

宿探しは思いのほか簡単にいった。それから、わたしはすでに闇に覆われた広場の向こうに、点々と散らかしたように光る裸電球の明かりを次々にたどって、男ばかりで店内が占められているレストランに入り込んだ。差し出されたメニューはもちろん、アラビア語で書かれたものだけであった。それを見ると文字は読めたし、知っている食べ物の名もいくつか見い出せた。しかし、その素材や料理の実体がわかるものは一つもないことにも気がついた。

世界各地を旅していて、いつも不便に思うことは、こうしたことである。たとえば、〝ビーフカレー〟なる名をメニューに見つけたとしても、東京の食堂で出されるもの、インドで出てくるもの、モスクワで出されるものには大差があるということからも、そうした不便さは推測できるに違いない。要するに、名前だけから推測して食べ物を注文するということは、あまり役に立たないことなのだ。そんなわけで、メニューをアラビア語の語学勉強のような気分でいろいろ眺めたりしたが、結局は隣の中年男がかじっているパンを指さして注文し、コカ・コーラで流し込んだ。アラブ世界に溶け込もうという意気込みでの最初の食事がこんなとは、少々がっかりしたが、それも仕方がないとあきらめた。

擂り鉢の底での生活が始まると、わたしの日課の一つは、港町に出かけて行っての帰国のための船探しということになった。インド方面に出て行く便ならば、どんな船のどんなクラスでもよかった。

そんな時に、耳よりな話が出てきた。フランスの東洋航路の船が、数日後にアデンに着く予定だと言うのである。コースはアデン－コロンボ（当時はスリランカではなくて、まだセイロンだった）－シンガポール－サイゴン－香港－横浜を結んでいた。それを見過ごすわけにはいかない。

早速、M・Mラインと呼ばれる船会社を訪ね、乗船希望を伝えると、その時にどのような交渉をしたのかは今となっては定かではないが、ごく安い料金で甲板席に乗せてくれるということになった。横浜まで十五日や二十日間、甲板に寝て行くというのも悪くないなと心に決め、その船で出発ということにした。

帰路が確保されてしまえば、残りの船待ちの数日間は気楽なものである。擂り鉢の底で、雑踏に紛れ、男ばかりのレストランで雑談に加わり、岩山や砂漠の散歩に時を過ごした。

出航日の前日、いつものように砂漠の散歩を楽しんでいると、背後から「おおい、ニシエ！」と、わたしの名を呼ぶ声がして驚いた。初めは、発音がそう聞こえる言葉を、土地の誰かが叫んだのかと思った。ところがヒョイと振り返って見ると、そこには数年ぶりに見る友人が立っていた。

わたしの学生時代に仲が良い方だったフランス系カナダ人のジョルジュ・ランベールという人物で、小説家志望であるとともに、万能スポーツ選手でもあった。見事な体格と気さくな性質は、以前からわたしが知っているままのものだった。

「しばらくパリに住んでいたんだが、また日本を訪れてみようと思ってね」、と彼はわたしが日本語で尋ねた「なぜ?」という問いに、フランス語で答えた。

それから、二人で擂り鉢の底の町に行き、男ばかりの食堂でコーラを飲みながら、この数年間の近況などを語り合った。

ランベールは、同じ船でシンガポールまで行くと言った。三等客室になるとは、わたしより高級になったなと、彼をひやかした。わたしは出港日ばかり気にしていたが、船は一日か二日前にすでにアデンの港に入っていたのである。いよいよこのアラブの世界ともお別れだ。

それにしても、この男とは四回も地球の妙な所でバッタリと出会った。何の因果なのだろう。戦争初期のサイゴンの裏街で、東京オリンピックの選手村でといった具合の彼との出会いが、次はニューヨークの場末の飲み屋でということになるのではないかと、わたしは半ば信じている。

17

旅の終わりの道づれたち

アラビアに別れを告げて

船の旅は、人生最高の贅沢のひとつである。三週間から四週間もの間、一等、二等、三等、甲板などと定められた領域さえ守れば、何の束縛も受けずに気ままな生活を楽しめる。寝食を保証され、日々新しい土地の風物に次々に触れられる。さらに、世界のさまざまな国から来た乗客との交友を通じて、自分の中に新しい世界が創られてくる。贅沢な旅である。

一般的な話をすれば、日本では、金銭的な余裕がある人々は仕事に追われて、船旅などをしている暇はない。時間の方は何とかなる人々には金がない。金と暇がどうにかできた頃にはいい年齢となってしまっていて、せっかくの船旅に出ても、体と思考が思いどおりには働かない。その点、わたしは運が良いと思った。

甲板だろうが船底だろうが、一応は船客である。時間的な贅沢ができるということに関しては一等船客と同じである。それに、上等なクラスの船客になるには、それなりの運賃の支払いのみで済むものではない。小うるさいフランス式の食事作法、人づき合いの作法にも気を遣わねばならない。その場に見合った服装も用意しなければならない。着たきりスズメの風来坊であるわたしには、もともと不向きなのである。

アラビア半島の先端、アデンでの生活を離れて、日本に向けて出港する日がやって来た。港に出かけて、改めて船を見て、立派だなあと驚き、乗船して自分にあてがわれた場所を見て、最低クラスだとは言え、まんざらでもないと安心した。それに、寝場所は甲板ではなくて、一応は部屋の中だった。

甲板に立ち、「アラビアよ、さようなら！」と心の中で別れを告げると、何だかもう、長かった旅路もこれで終わったという気分になってしまい、自分がいまだに外国にいるということさえ忘れてしまったように感じた。

わたしの居場所は、野戦病院のごとくにベッドが並んでいる所だし、食事も学生食堂そのもので、勝手な席にずらりと並んでとるという具合なので、たちまちのうちに何人もの友人ができてしまった。

手製のギターを、いつも大切そうにかかえているボロ服のドイツ青年は、足に大きなオデキができていて歩くのが難儀そうだった。彼は東京に行って、ギターを教えて生活したいのだと言っていた。心地よい潮風が甲板を吹き抜ける夕方、彼のクラシックギターの甲板コンサートは、ちょっとした旅情を誘った。もちろん、そのコンサートでは金を払う者はいない。彼の練習とサービスを兼ねたコンサートなのである。
十七、八歳に見えるカナダ人の女の子がいて、一人旅で世界をまわっていると言った。それにしては、それまでに彼女が歩いて来た国々、そしてその後訪れる予定の国々について、あきれるほど知識を持ってはいなかった。彼女にとっては、旅行することだけが意味のあることであるらしく、訪れる土地の歴史も文化も政治も関心の外にあるようだった。それなのに暇があると、細かい文字でノートに何やら書き綴っていた。当時は、日本人が国外に出ることは、大義名分が整っていても難しかった時代であった。そのような時代に、わけのわからぬ一人旅をしている女の子がいるというのは、わたしにとっては驚きだった。ある日のこと、甲板から船室にもどってみると、ガランとして人の気配のない部屋の蚕棚式の上段ベッドの毛布がモゴモゴと動いている。何だろうと思ったら、その一端から彼女とアメリカ人の青年が顔を出した。〝昼下りの情事〟の現場にわたしは飛び込んでしまったのだ。「やあやあ」と挨拶すると、向こうの二人も同じように「やあやあ」と挨拶した。その青年はその日の朝食までは彼女と親しいなどというところが一切見えない人物であった。まさに恋と愛は何の前触れもなくやってくるのだ。

いろいろな人がいたが、甲板で知り合い、わたしが日本に帰国した後も数年にわたってつき合いが続いた人物に、ラインホルト・ヴィールという人がいた。わたしよりは十歳も年上で、どちらかというと若者で占められている甲板クラスの中では、年齢の点でも、日常の態度の点でもひとつ大人であるという感じがした。大柄な体の割に小さな声で、遠慮がちにゆっくり話す人だった。

船に乗ってすぐ、わたしは彼の姿に気がついていた。自分の他にもう一人、日本人が同じクラスの船客としていると思ったからである。彼が向こうからわたしに英語で声をかけて来たので、話を始めたら、彼は日本人ではなくて、日系のドイツ人だったのだ。母の祖国である日本に一年ほど住んでみたいのだと、彼は期待に満ちた表情で言った。ドイツでは母親はすでに亡くなり、三人兄弟の長兄は第二次大戦中にソ連で戦死、その下の兄もヨーロッパ戦線で戦死とのことだった。いろいろと不幸な過去を背負っているようだったが、そうしたことからも逃れたいからなのか、彼は日本人たらんとして一生懸命努めているように思えた。日本語は、二、三の挨拶言葉を除けば何も知らなかったが、日本の礼節、日本の精神などというような知識は本を通じて豊富に持っていて、それを実際の行動面で示そうとするので、こちらにとっては時にユーモラスであったり、時にはかえって気恥ずかしかったりした。外国製の映画に見る、礼儀正しい日本人の姿を思い起こさせたからである。

彼はわたしのことを〝マザユーキさん〟とドイツ語訛《なま》りで呼んだ。「マザユーキさん、わたしはドイツでは子どもの頃からいろいろつらい目にあいました。わたしはやはり日本人なのです。今、その国に行けるのがとてもうれしいのです」というようなことを、何度となく繰り返し話してくれたが、彼が夢みる理想的な美しい日本は、すでにないというのではなくて、もともと存在しないようにわたしには思えた。しかし、それを話すのもまた酷だと判断し、わたしは彼が自分の目で日本を見て自分なりに確かめるまで、こちらからあえて反論することはやめにした。

奇妙なぬれぎぬ

二、三日もするうちに、船内にはわたしのほかにもう三人の日本人がいることがわかって来た。二人はフランスから帰国する画家夫婦、もう一人はフランスの映画大学への留学を終えて帰国する若い女性だとのことだった。もちろん、三人ともちゃんとした自分の船室を持つ上等な船客である。わたしと彼らとの間には国境のような仕切りがあった。

映画大学出の女性は、帰国後映画関係の仕事に就き、さらにその後、岩波ホールで数々の名画の紹介をすることになった高野悦子さんである。妙なことから知り合ったのだが、わたしに日本語を学びたいという船医のおかげで、わたしは等級を仕切る境界線を自由に行き来する許可を得て、高野さんたちとは毎日いろいろな話をする機会を持った。だが、話の内容で思い出せるものは一つもない。古い映画の話が多かったのではないかと思う。しかし、わたしたちは停泊する港々では町に繰り出し、わたしが得意とする裏街探検を楽しんだ。

一番よく覚えているのはサイゴンでのことである。確か船が二日ほど港に横づけになったので、自由時間も充分にあった。

大きな木々が立ち並ぶ美しい並木道を、アオザイを着たスタイルの良い女性が歩き、物売りがのんびりと通り過ぎる。実際にはすぐ目の前にまで迫っていた戦乱の影はまだ何ひとつ見えなかったサイゴンの町は、大いにわたしの気に入った。

わたしと高野さんと、アデンでわたしに声をかけてきたジョルジュ・ランベールとの三人でちょっとばかり遠出をしてみようと、適当にバスに乗り郊外のチョロンの辺りまで行って、さらに裏街をうろついていると、警官の不審尋問にひっかかってしまった。

警官はベトナム語で何か言ったが、わたしにはまるでわからない。そのうちに警官の表情がだんだん険しくなってきて、言葉とその表情がもっぱらわたしの方に向けられているのである。それから三人そろって何が何だかわからぬままに、近くの警察まで連行されてしまった。そこに行って初めて、英語だったかフランス語だったか言葉が通じる人物にようやく出会うことができ、事の次第がわかって来た。わたしが高野さんとランベールを連れて怪しい所を歩いているので尋問したのだが、「おまえはベトナム人なのにベトナム語がわからないふりをしている。外人の真似をしてけしからん」というわけである。確かに、わたしの身なりはどう見ても洋行帰りというものでもないし、外国航路の船客という風にも見えない。肌の色も特別な日焼けのため、とても日本人とは思えない。日本人の女性とヨーロッパ人の男性を見つけて、どこかに連れ込もうとした町の兄さんと見なされても仕方のない風体なのである。それにしても、外国人の真似をしているベトナム人と見間違われたとは、ずいぶん凝った勘違いをされたものだ。

いずれにせよ、船がセイロンを越えてシンガポールに近づくと、あたりの様子はガラリと変わり、町を行くアジア人の姿が目に入り、とうとう我が家に帰ったぞという印象を強く与えた。ベトナムを過ぎ、香港に近づくと、人間だけではなくて、木や草の色や形や表情までもが、もはや、自分の家の近所で見ていたものと変わりなかった。

しかしある日、視界の彼方に雪を被った白い山の頂が連なりを見せて、日本が姿を現した時は、日本は冬だったのだということをすっかり忘れていた自分に気づいておかしくなった。目の前に見えて来たのは四国だとのことだった。冷たい風が頬をかすった。

船内にはそれまでになかったざわめきが起こり、人々の表情に緊張感のようなものが表れた。下船の準備に取りかかったのである。

わたしたち甲板組はあらためて整理するほどの荷物もない。横浜の港に着くと、まるで電車から降りて去って行く人々のように、「それでは、さようなら」と、互いにひと言挨拶し合い、いとも簡単に町の中へ散って行った。

洗面器片手に病院へ

家までは二時間ほどの距離である。電話もせずに、電車を乗り継いでひょっこりと家に戻った。母も兄弟姉妹も、夜になって帰宅した父も、出発前と変わりがなく、お互いの無事を喜んだ。

だが実際には、わたしは自分が病気らしいものを抱えていることを感じていた。ソマリアの砂漠を歩いていた頃、腹の右下部に痛みを感じ、ひょっとすると虫垂炎ではないかと自己診断していたのである。ある時は、その痛みがやや激しかったが、こんな所で病気などになってたまるかと、精神力のようなものでその痛みをなんとかごまかしてしまっていた。痛みはその後も思い出したように時々出ていたのである。

帰国してしばらくして、自分の身辺が落ち着いた時、「盲腸だから手術させて下さい」と、わたしは母に言った。「馬鹿を言うものではありません。盲腸炎などというものは、そんなニコニコして言えるようなものではなくて、急に痛みが来て、とても平気で立っていられるようなものではありません」と母は言ったが、わたしは保険証を受け取り洗面器を持ち、手ぬぐいを一本ぶら下げて、近所の病院に行き、「盲腸を手術して下さい」と、医者に頼んだ。わたしの姿を道で見かけた人は、わたしが近所の銭湯にでも行くのではないかと思ったことだろう。

医者はややあきれた表情を見せたが、勿論のことながら、ちゃんと診断をして、なるほど慢性虫垂炎か、散ってしまっているのかなというようなことを言った。わたしは今後また同じような大旅行に出るかも知れない。旅先で盲腸炎にでもなったら大変なので、とにかく取り去ってもらいたいのである。結局は、その場で入院して手術ということになった。

丸めた背中に注射をして下半身を麻痺させて手術をするというので、それならば自分の手術を見せて下さいと医者に頼んだ。今ならばテレビ画面で見られるような光景だが、当時はそのような便利なものはなかった。医者と看護婦たちのテキパキとした動きを眺めながら、自分の下腹部で行われている手術に注目していたが、その姿勢では切腹姿はよくのぞけなかった。手術の後で担当の医者が指先ほどのチッポケなものをわたしに見せ、「はい、これが君の盲腸だよ」と言った。「ははあ」と、わたしは感心し、手術は無事終わった。そんな小さなものを取り除いただけなので、たいした隙間などできているはずがないのに、内臓を整えるために医者が下から腹の中を押し上げた時には、胃にグッと負担が来て、吐き気をもよおした。

手術後の経過はすこぶる良く、しかも家が近所なので三、四日で歩いて帰宅した。今ではその時の傷跡は、よほど注意して見ないとわからないほどに消えている。

こうしてアフリカ旅行は一つ一つ、過去の思い出の世界へと入って行き、わたしは再び東京の巷の中に身も心もどっぷりとつかったままの日々を送るようになって来た。

学校の仲間と、夜の新宿で文学談義を交わし、映画館に入り浸り、アルバイトに励むという毎日である。そんな頃、日本アフリカ協会の責任者であった福永英二氏から声がかかり、わたしがアフリカ滞在中に手がけていたスワヒリ語の文法を月刊誌に一年間ほど連載しないかと依頼された。

当時は、アフリカの言語を学ぶというだけでも奇人の類である。ましてや、その文法を商業誌に印刷してくれ、かつ原稿料まで下さるというのだから、この世にはずいぶんと奇特な人がいるものだとこちらは思ったが、あちらの方でもわたしのことを奇特な人物がいるものだと噂をしていたらしかった。

18

マージャン知らずの学生時代

気乗りしない食卓談義

一九六〇年代の初頭は、第三世界独立の時代の始まりである。新聞やラジオは、国内に関しては安保問題から派生したさまざまな世相を、国外に関してはアジア、アフリカ、ラテン・アメリカ諸国で見られる脱植民地化、独立の姿を大きな話題として毎日報じていた。

わたしの家でも、食卓での話題はもっぱら安保、ソ連、新中国などをめぐってのものだった。二人の兄と父親は、時には食事そっちのけでその種の議論に熱中していたが、わたしはあまりそうした話題には加わりたいとは思わなかった。まず、わたしは元々から食事に関心が少なくて、食卓に皆とともにいる時間も短かった。そのうえに、日本とかアメリカとか中国とかいった国の単位で人間の生活を考えたり、本来あるべき姿の正義とか平和とかを、政治業者が発表する政策を土台にして考えることが不得意なのだった。それに、マスコミが伝える世界の動向は、わたしには信じがたいものばかりなので、その報道を基礎に議論をすることにはどうしても興味が持てなかった。

自分だったら、たとえばある記事を前にして、どうしてこの新聞はこのような出来事をひとつの事件として取り上げ、こんな具合に取り扱っているのか。その意図は何なのか、世間の人々はどうしてそんなことをすんなりと信じるのか。といったようなことを議論するのなら、大いに参加したのかも知れない。しかし、特定の国が正しかったり、良かったりするという議論にはどうしても乗れなかった。現在も、わたしにとっては正しい国など、この世界にひとつもない。あえて言えば、好きな国と嫌いな国があるだけだ。その区別の一例はこうである。たとえばある国にある事件が起きたとする。そのことをいくつかのテレビ画面で見た時に、そこに映る人々がすべて一人残らず、同じ表情、同じ仕草でその事件に反応しているとする。そんな国があったならば、それが右寄りであれ、左寄りであれ、そんなことには関係なく、わたしの嫌いな国だということになる。それ以外は、あえて言えば好きな国となるだろう。本当のところは〝国〟という区分の仕方そのものがあまり好きではないので、好きな国はないとも言えるかも知れない。

わたしは大学の経済学科を出るとすぐ、アフリカに飛び出してしまっていた。日本の習慣に従えば、新卒就職の途《みち》を捨てたというわけである。そうであれば帰国しても宙ぶらりんの人間となってしまう。それでは何かにつけ不都合であるとの予測がついていたので、卒業前に学士入学（三年編入）試験を受け、文学部の英文科に再入学し、途中から休学という形で日本を離れていた。

実を言えば、お座なりであったとは言え、わたしも就職試験を受けたことがあった。ひとつは某映画会社の助監督という職だった。学部、年齢といった制約がない試験である。職種が特別なので、その場で与えられた題で短編を書いたり、シナリオを作ったりと、いくつかの試験をされた。その試験は自分なりに自信が持てるものを書いて、一次、二次と進み、最後に社長や会社のお偉方との面接ということになった。その時の、社長や他の人々の面接態度は、わたしにとっては決して美しいとは言えないものだった。瞬間的に、こんな会社では仕事はできないと思った。試験に受かっても入社はしないぞと決心した。その心が通じたのか、わたしは最終試験ではダメだった。

もう一社は朝日新聞社である。文学仲間四、五人と連れだって、こちらの方は自信の有無とは関係なく、何となく受けに行った。くじ引き気分だったのである。その仲間というのは、今は作家となった阿刀田高、詩人の鈴木志郎康、文学関係の編集者、大学の教員となった者などであるが、一人を除いて全員があっけなく一次で落っこちた。一人だけ一次に受かり、続く試験に次々に勝ち進み、見事に入社した者がいた。その仲間を、わたしたちは「やはり彼は……」と噂した。

妬《ねた》んだのではない。能力においても、人間的にも素晴らしい人物だった彼の入社を率直に認め、尊敬したわけである。ところが、四月に入社して、わずか三、四か月の後、配属になった地方の支社の下宿のガス漏れが原因で、彼はあっけなく他界してしまった。「朝日に入りさえしなければ……」と話す者も周囲には多かった。わたしは、彼の死と朝日新聞社や入社試験合格などとは関係がないことだと言った。ただこのような不幸な出来事から、人生というものの一例を実感をもって学んだ。

英文科はかくれみの

英文科を選んだ理由に深い意味はない。まず、アメリカの現代文学のいくつかには興味があったし、その方面なら卒業論文程度のものはいつでも書けるという自信のようなものもあった。それに英文科出ならば、例えばロシア文学科とか東洋哲学科出とは異なって、世間から見て目立つところがない、すなわち日本では平凡で色がない者と見なされる。それはわたしのように自分勝手なことをしている人間には有利だと思える部分もあった。

アフリカから帰国して、復学をした後も、大学には休まずにちゃんと通い、授業中は自分が立てた計画にそっての勉強に打ち込んだ。そのうえに、英語の教職課程まで修めた。教員免許が取れる教職課程には、実習が必修の一部となっている。その場合、学生は自分の出身中学に行って実習を行うのが普通であるが、わたしの場合はそれがない。追い出された武蔵中学には行けるはずもない。そこで思い当たったのが、大学に近い目白の川村学園の女子中学である。一人でその教員室に行き、実習をしたいとの申し出を告げると、一瞬、あきれられたが、親切にもその申し出を受け付けてくれ、二週間ほどの女子中学通いをした。偶然、体育の男の先生がわたしの知り合いで、昼休みには良い話し相手になってくれたが、わたしがおこなった授業の内容や、生徒の反応などについては思い出すことがまったくない。

締め切りの直前に、卒論もそれなりにまとめてみた。学校の外では英語やフランス語を教える家庭教師に毎日追われ、その合間をぬって文学作品を多読し、雑文を書き、仲間と議論した。そんなわけで、周囲の学友が熱を入れている遊びの類にはほとんどかかわりを持たないまま、デートすら楽しまずに学校を卒業することとなってしまった。いまだに、わたしはマージャン、パチンコとか、野球、相撲、ゴルフなどのようなものとは縁が遠い。それらはわたしとは別世界の出来事なのである。

政治経済学部の卒業に際しては、中国経済を中心にやってみたが、それは当時、熱を入れていた中国語の勉強に役立つということと、わたしが不得意の数学技術を必要としないマルクス主義で何とか課題に対処できるという不真面目な理由に基づいたものだった。英文科の場合は、実存というテーマを中心にして、アメリカ文学を対象としながらも根拠はヨーロッパ哲学に置き、一気に卒論を書き上げた。当時、日本の知識層を風靡《ふうび》していたサルトル流の実存主義に、わたしも追従していたというわけではない。わたしが持ち続けている社会の中の個人というテーマが、その方面の話題と重なることが多かったのである。また、文字通り一気にと言えるのは、締め切り日が迫り、寝食を忘れ、二日ばかりで下書きもなしに書き終えてしまったからであった。内容はリチャード・ライトというアメリカの黒人作家を巡るものであって、抵抗から超越に、そこからさらに実存にと至る彼の人生を追ったものであったように思う。

アフリカから帰国して以来、日本アフリカ協会の雑誌に連載し続けてきた「スワヒリ語講座」に関しては、読者からは何らの反応も得られなかった。わたしの側としては、誤植、訂正すべき点なども、いくつか見つかっていて気になっていただけに、読者がいそうにもないことは幸いだった。

銭にならない道

それにしても、当時はまだ、第三世界の研究者の中ですら、「現地語などをやっているのは時間の無駄である」と言う者も多かった。ヨーロッパ語の文献さえ見ていれば成り立った時代なのである。中には、アラブ社会の研究家でアラビア語ができるということは、研究者としてはマイナスだという者もいた。そうした人物はアラビア語使いの変人であるとのイメージが強調され、特異な人物であると決めつけられるからである。そこで、アラビアの、そのまた彼方の土地で話されているアフリカの言語を研究するなどというのは、当然、世間から見れば問題外であるはずだった。このようなことを考えると、アフリカの言語への関心はまったく個人的なものとして自分の心の中にしまっておこうと決めていた。

しかし、そうしているうちに、ヨーロッパ人による研究を通しての情報だけでは日本もやっていけない時代となった。第三世界の言語を通して現地との直接の情報交換が、必要となったというよりも、避けられない状況となってきたのだろう。アフリカに関して一般的な出版物に書く機会が、わたしにも巡ってきた。その結果は一銭にもならなかったが、そのことを通じて、それまで自分が属していた世界とは、まるで異なったところで生活をしている人々と知り合うことができたのは収穫だったと、今でも思う。

実業家、芸能界の人、政治家などがいた。そのほとんどの人々とは、その後お会いする機会を持たない。皆、ひと癖もふた癖もある人物であると言ったら誤解を招くとしたら、一人一人が個性にあふれた人々であったと言ってもよい。彼らは当時の日本の状況に便乗して、アフリカと自分の仕事を結びつけ、ひと旗ぐらいは揚げてみようと目論んでいた人々でもあった。

英文科卒業の半年ほど前から、わたしはもうしばらく勉強を続けてみたいという気持ちから、大学院への進学を考えていた。学生生活にかかる費用は自分で何とかすることができそうだった。大学院で自分が学びたいことを学んだ後はどうなるかということに関しては、何にもならないということが明確にわかっていた。興味を持っている〝文化〟とか〝言語〟というものが、一体何なのかを追究しても、それが自分の実生活に経済的利益をもたらすことは一切あり得ないことぐらいは明白であった。

そんな確信が持てると、かえって気が楽なものである。周囲の人からは、「そんなことを勉強していくら儲かるのですか?」「どんな就職先があるのですか?」と、何度となく尋ねられたが、答えは簡単だった。「何にもなりません」ただそれだけだったからである。

人は世界をいかに理解するのだろうかということを知るためのステップとして、とりあえず映画の映像を対象として勉強してみようと、わたしは心に決めた。わたしが映画に接近したのは、映画を作ったり、映画に出演したり、映画作品史の研究をしたりするためではない。映画の中には形や色や動き、言葉、それに人物像や人間同士の関係などが豊富に詰め込まれている。それを対象とすれば、外の世界を漠然と眺めているよりは、基本的には考えをまとめやすいと思ったのだ。

しかし、入学試験を受けるとなると、映画の映像の理解などという方面では、心理学科か、または演劇学科をねらうというのが妥当な線となってしまう。心理学科は学部での実習単位が足りないから、わたしには受験不可能だ。そうなると演劇学科ということになる。

ところが、わたしはどういうわけか劇というものに興味が持てない。歌舞伎、能などというものにも、ほぼ関心がない。しかし、入試問題はその方面に関係のあるものばかりで、わたしがやろうとしている動く映像の知覚、人間関係の仕組み、言葉などといった分野から出題されることはあり得ない。仕方なしに日本演劇史、西洋演劇史、それに演劇関係の日本古典などを少し読み、受験に備えていたら、運良く入試には受かってしまい、また最低限二年間の学生生活を送るということになった。

〝生け簀〟の中の人間たち

生活環境はすっかり東京風のものに戻っていたが、心の中にはソマリアの砂漠での一人旅の思い出が強く残されていた。それほどその旅行はわたしにとっては強烈なものだったのだろう。それに比べれば、アフリカの他の地域で得た数々の経験は、単なる旅の思い出というようなものになってしまったり、珍しい知識として記憶に残されているだけのものとなってきていた。

ソマリアの砂漠では、朝、目覚めると「ああ生きている」と本気で思った。それから次に、「今日は何か食べ物が口に入るかな」と考えた。そして、日中はわずかばかりの移動があり、一日が過ぎ、夜が来て、「今日も生き延びたぞ」と自分の生を確認した。そのような日々を二十日も三十日も過ごすうちに、自分は一つの生き物にすぎないということを、実感するようになった。

確かに、人に出会い、人に助けられることで命をつないだ。他人なしには人は生きられないということも、よくわかった。しかし、たった一人で過ごす夜など、砂漠の中で最も恐ろしいものは人間の気配だった。人が間近にいると感じれば、そこには死が迫っているのがよくわかった。頼るべきも人間、恐れるべきも人間。毎日毎日、そんな状況の中で自分の命をつなぐ努力をする。このような状況は、東京での生活では、書物の中に見出すことはできても、実感としては得られない。

こんな感覚が身に染みついてしまったのだろう。ふとした時に、東京での自分の周囲の世界が、途方もなく巨大な生け簀《す》に見えてくる。そこでは目に見えぬ飼い主がわたしたちの命の保証をしてくれている。しかし、その安全の代償として、人々はその飼い主の都合通りに自らの人生を弄《もてあそ》ばれている。そんな思いが何の前触れもなくわたしの中に浮かんでは消える。それはある種の恐ろしさとなってわたしに付きまとった。

この話はアフリカ論でも砂漠論でもない。理論的に言えば、彼の地に生きる人々の生活も、わたしたちの生活と同様に、やはり一種の生け簀の中のものなのである。人は集団を成し、その集団の規律の中で個々の安全を保証され、その代わりにその集団の意図する方向に向けて命を使い果たしていく。ただ、そのあり方が時代と土地によってさまざまに異なっているだけのことである。

ソマリアについてのわたしの話は、そうした一般論としてだけのものではない。ある砂漠での、ごく個人的で、強烈な体験なのである。

19 学問好きの野良猫教師生活

無縁な純粋培養

わたしは、勉強を続けるという気持ちだけで大学院というところに入ったが、もともと〝院〟と名がつく所は、わたしとは縁遠い所が多い。あまり好きな所もない。病院、少年院、修道院、参議院、衆議院などと、〝院〟が付く場所で思いつくのは、どこも苦手な所ばかりだ。

文学部の大学院という所も、もしもそこだけが生活のすべてであったとしたならば随分と不思議な所である。やはりこの世離れした所でもある。なにしろ、週数回の授業に顔を出していさえすればそれで良い。義務づけられた個人発表に当たったとしても、ほんの数時間だけ自分の時間をさくだけで、その準備は充分なのである。

そんな余裕のある生活を、二十五歳あたりの、本来ならばすでに企業の中で一日中追いまわされているべき年齢の人間が送っているのを目にするのは、どうも妙である。しかし、考えてみれば、それも序の口というものかもしれない。日本の大学の中には、幼稚園、小学校、中学校、高校と附属校が続いているような所も珍しくはない。そのような所を通過して来て、成績だけは良く大学も卒業し、さらに大学院に進学し、その間もずっと親から授業料を出してもらい、優雅な学生生活を楽しみ、大学院を出てからは運が良ければ母校の助手として採用され、三十歳近くになってからはその大学の教員として今度は定年までの何十年かをその校内で過ごすというような人物も、大学によっては少なからず存在するわけである。良い大学と言われている所の一部には、そういう人生を二代、三代にわたって送っている人もいるらしい。

同じ校門を三代くぐり抜ける。百年ほど同じ景色の中で過ごす。それはわたしの想像を超えている。こんなことを言ってはまずいかも知れないが、確かにそういう純粋培養の無菌の人物は、おっとりとして、ある種の気品は保たれていよう。それゆえにその種の人々は、悠然と世間を上から眺めることもできるだろうし、世間の人々からも安心感を持って見守られていくこともあるだろう。

しかし、わたしはそういう生活からはほど遠い。世間を高みから眺めていくどころか、庶民と言われる人々が生活する世間のさらに下の方からそっと見上げていかなければならない日も、遠からずやって来ることが目に見えていた。なにしろ、持つものもなく、身を落ち着ける当てもまるで無い身なのである。学問好きの野良猫、野良犬といったところなのだ。

肉体労働はしなかったが、相変わらずさまざまなアルバイトのようなものに、わたしは毎日追われていた。それなりに世間では評価される雑誌などに、詩に関する文章や、エッセーのようなものを書く機会は確かに多くなってきてはいたが、この方は収入にはならなかった。収入は主に、日本人に英語や他の外国語を教えたり、外国人に日本語を教えたりして得ることにしていた。

その頃の経験の中でも、アジア経済研究所と呼ばれる政府機関からスワヒリ語の講師として来るようにと声をかけられたことは、アフリカの言語について関心を持ち始めていたわたしを大いに力づけた。

何人かのアフリカ方面専門の所員たちにスワヒリ語を教えるために、わたしは改めて文法書を紐解き、復習し、新たに研究したりしなければならなくなった。東アフリカの歴史についての本も探し求めた。まさに、最良の学習法とは他人にそれを教えることであると実感した。そして、相手にする学生は優れていればいるほど、自分の勉強に役立つということもわかってきた。そのほうが質問のレベルが高くなるので、当然、こちらも力を入れて勉強せねばならなくなるわけである。

お寺の地下の日本語教室

その当時のことで記憶に残っている例を二、三挙げてみよう。まず、非常勤講師として、東京タワーのすぐ近くにある寺の、さらにその地下にできた日本語学校の教室にしばらく勤務したことである。

当時は、今のような日本語学習熱などというものはまったくなかった。とくに個人経営の日本語学校などというのは、日本中を探しても数えるほどしか存在しなかった。そのような時代に日本語を外国人に教えようなどという情熱を持った人々は、企業人ではなくて、信念の人だった。その学校は、広島県出身の任都栗《にとぐり》先生という珍しい苗字の人が創立したもので、彼も外国人への日本語の普及ということに特別な情熱を持っていた。地上にある寺の坊さんも、何かにつけ外国の人々に気を遣い、さまざまなサービスを心がけていた。数人の若い先生が、十数人の外国人学生を、ほぼ一対一の関係で丁寧に教えていた。日本語を習いに来るのは、多くがアメリカ人であったが、すでにかなり高度な日本語力を身につけて来日している人も多く、テキストは文学作品やら社会科学の本などを使ったりすることもあった。

その学校にわたしは教えに行くことになったのである。そこでは、今では作家として活躍している阿刀田高氏も教えていた。彼は学生時代、夜の新宿辺りで芸術の道（?）にともに励んだ仲間の一人である。大学時代の最後には、彼が演出した演劇に、その他大勢のうちの二人組の泥棒

（もう一人の相棒は詩人の鈴木志郎康であった）として出演したこともある。二人とも近視がひどく、眼鏡をはずすと周囲がよく見えない。その二人が暗い舞台の上で演技をするのだ。歩きすぎて舞台から落ちはしないかと気になった。そんな具合なので、演技はビクビクした感じが実によく出ていて泥棒らしいと二人ともほめられた。それ以来、阿刀田氏には会う機会はあまりなかったが、任都栗先生の所に行くようになったので、また話すことも多くなった。

現在、阿刀田氏は作家として、また文学の世界での重鎮として大活躍をしているが、彼の当時の職場は国会図書館だった。彼は日中は図書館で勤務し、夕方以降は主にその学校で外国人相手に日本語の話をしていたが、他方、着々と作品を書いていたのだろう。彼らしい真面目さで、やがて書くはずの作品の資料を集めたり整理していたのもこの頃かも知れない。いや、それだけではない。彼はその職場で、わたしの知らぬ間に、学習院出の女の先生との仲までをも着々と発展させて、後にその女性を妻として迎えたのである。二年ほどのその職場での生活を通じ、人生で得るものが一番多かった教員は彼であると、わたしは今も信じている。

その学校でのわたしの生徒は、アメリカの大学、または大学院で、日本関係の研究を終えてきた人々ばかりだったので、レベルが高かった。彼らは年齢もわたしよりは上で、日本語を別とすれば、日本に関しても専門領域では、わたしよりは知識も深かった。

ハーバード大学出のある学生は、かなり意地の悪い質問をわたしに連発した。日本語文法の微妙な点を拾い出してきては、矢継ぎ早にその説明をわたしに迫った。勿論、そのすべてに関して的確な答えが与えられたということはないのだが、彼のお陰で、わたしは日本語というものを日本語以外の言語から一層本格的にみるということを学んだのである。本来ならば、わたしの方が月謝を出すべきであったのかも知れない。

お寺の地下教室で一番記憶に残っている人物は、ジャック・スタム氏である。彼はずっと後になって俵万智の『サラダ記念日』の英訳を出した人物であるが、その本の出版後しばらくして亡くなった。コロンビア大学出のスタム氏は、初めから一風変わった人物だった。授業中に嬉しくなると、指で机を叩いて歌い出したりした。学校に顔を出したときから日本語の達人だった。スレた日本語、ヒネた日本語にも通じていた。裏の世界の日本語、人前では言えないような恥ずかしい単語の類にも通じていた。それならば今さら学校などに来ないでも、夜の巷の中の社会学校でも充分に勉強ができるのではと思えるかも知れないが、そこが凡人とは違うところで、まさにそのような実力があるからこそ、その力をさらに磨くため、またその力を矯正するためにわざわざ勉強に来たというわけなのだ。

スタム氏のためのテキスト選びも大変だったが、その授業も特別だった。隣の部屋で学習している品の良い婦人や令嬢たちには授業内容が聞こえぬようにと気を遣ったこともあった。授業が終わると、実習と称して、わたしは彼に連れられて六本木界隈を飲み歩いたり、新宿の裏街のわたしの世界をともに味わうためにうろつきまわったりしたものだった。

アメリカではビート・ジェネレーションに一段落がつき、ヒッピーの時代に入っていた。西海岸からは、精神世界を東洋に求めて日本に渡って来るアメリカの若者たちも増えていた。ニューヨークのグリニッジ・ヴィレッジあたりでも、安く東京に行き、安く東京で過ごすためのマニュアルなどが出まわり始めていた。その時期に、日本、特に東京の安上がりな若者の街と、その魅力をアメリカに紹介したのもスタム氏が初めてである。

ヨウカン嫌いのライシャワー家ご令嬢

学校のような組織の中ででではなく、個人的な生活の中で良い思い出となったのは、当時、駐日米国大使であったライシャワー家で、一家の帰国までの二年間にわたって家庭教師をしていたことだった。このことに関してはその後十数年間は、わたしの書き物で触れたことはなかった。当時はライシャワーといえば、日本の政治の世界では超スター的存在であった。それほどアメリカの駐日大使の存在は大きかったのだ。そのためか、日本学者としての本来の彼の姿は、一般には政治面での名声の背後に隠れてしまっていた。そのライシャワー家の、二十歳前後の令嬢の個人教授として、毎週一、二度、家まで赴《おもむ》いているということは、決して隠すべきものではないが、わたしにとっては、あえて他人に話して聞かせるようなことでもなかった。話せばそれなりの社会的反応が見られたであろうし、ライシャワー家の家庭教師という肩書きから得られる利益をねらってそのポストを欲していた人々も少なからずいたに違いない。

しかし、わたしにとってはその仕事が特別な意味を持つことではなかったので、かえって強い信頼感を夫妻から得ることになっていた。

わたしがそのようなな大役を果たすようになったきっかけはよく思い出せない。星川さんというアメリカ帰りの友人がいて、彼女がわたしをライシャワー家に紹介し、そうこうするうちにお嬢さんのジョーンの日本語を定期的にみてほしいということになったのかも知れない。

地下鉄の虎ノ門の駅を出て、数分歩くとアメリカ大使館官邸の壮大な敷地があった。その官邸の入口の前に行くと、日本の警官が何人かいかめしい顔つきで立っていた。門をくぐって内側に入ると、今度はアメリカのMP（軍警察）が何人か立っていた。わたしは表と内側とで日米二種類の敬礼を受けて官邸内に入るのだった。

初めての授業のときは、当然のことながら、門の外側の警官にストップをかけられ、不審の目で身元を尋ねられたりした。だが、それも二度目、三度目となると顔を知られ、門前では警官が直立不動でパッとわたしに敬礼し、門の中に入るとMPが直立姿勢でアメリカ流の敬礼をしてわたしを迎えるようになった。

仕事始めのとき、ライシャワー御夫妻に会い、豪華な造りの官邸の広間でしばらく雑談を交わした時は、なにしろ着替えさえ充分に持っていない着たきりスズメのようなわたしが、こんな立派な場所で日本語の授業などができるかなと、内心は不安だった。しかし、わたしの生徒となったジョーンは文字通りザックバランな人物で、わたしとは話も合ったし、気も合った。

そんなわけで、後には、かなりくだけた格好をしたジョーンとともに、夜の新宿の裏街あたりにまで足をのばした。新宿のゴールデン街を、アメリカから来たヒッピー娘という触れ込みで巡り歩いたりもした。ある日、ジョーンに聞いた話で、今でも思い出すものがある。日本に来て間もない頃、訪問先の家でヨウカンを一本丸ごと出されたのだが、父親の東京赴任が決まったとき、「日本では、出されたものはちゃんと全部食べなさい」と両親に言われたことを思い出し、そうしなければ失礼と、必死の思いでそのヨウカンを一本全部食べてしまい、大いに気分が悪くなって、それ以来、ヨウカンは食べたくないというのである。

ライシャワー大使が日本での任務を終え、一家が帰国した後も、わたしはハーバード大学があるケンブリッジ――イギリスのではなくてアメリカのボストン――で一緒に場末の中華料理を食べに行ったり、晩年のライシャワー先生と話す機会を持ったりした。当時を振り返ってみると、日本語を教えたりすることを通じて、多くの良い思い出を持つことができた。

しかし、自分の人生の方向づけをしてしまうほどの出来事は、当時の東京郊外、三鷹のはずれにできたアジア・アフリカ語学院（通称A・A語学院）に、スワヒリ語の初代講師として招かれたことだった。

A・A語学院は、それ以前からアジア・アフリカ図書館として発足していたが、なんとその開館第一号入場者がわたしであったという懐かしい所だった。

高校の終わりだったか、大学に入りたての頃だったたか、ある日、「アジア・アフリカの諸言語の図書を集めた図書館ができた」という記事を新聞で読み、例のごとく地図も調べずに早朝に家を出て、電車を乗り継ぎ、中央線の吉祥寺で降り、小一時間ほども訪ね歩いてようやく目的地にたどり着いたら、「あなたが初めての入館者です」と歓迎され、ノートに名前を書かされた。そこで借りたのは『ヒンディー語の手紙の書き方』というようなイギリスの本だったと記憶している。その図書館が、アジア・アフリカ諸語を教える学校を開いていて、その翌年からはスワヒリ語も授業に取り入れたいとのことだった。「名前にアジア・アフリカとあるのに、アフリカの言語のクラスがなければ」というわけだ。

院長の菊地三郎先生に会い、大いに意気投合した。菊地先生は、スケールが大きい夢を現実感を持って表現できる人物だった。翌年からはとりあえず学校の事務の人一人と、NHKの国際局に設立される予定の東アフリカ部のディレクターになるはずの職員一人という合計二人だけのための講座を開くことになった。アフリカの言語を実用として学ぶことが、変人・奇人の行いではなくて、世間的にも認められる時代が日本にも来ていることがようやく実感として感じられて、わたしは嬉しかった。

大学院、アルバイト、先生業と、わたしの三重、四重生活がまた忙しく始まった。

20

〝先立つもの〟を追い越して

八百屋は〝四つの季節の商人〟か

さまざまな言語を知ろうとする試みには、ゲームに挑戦するような楽しみがある。多少の忍耐を必要とするパズル解きに似ている面もある。その言語を話すためには身につけるべき音声の種類、単語、組み立て規則、等々において、それぞれ予測もつかないような種類があることを発見する。外国語学習、より正確には第二言語学習は個人的な趣味のようなもので、決して国際的とか民間外交などと呼べるほど体裁のよい意味を持つものではない。また語学と呼べるような

〝学〟でもない。

本当は、外国の言葉などはまったく知らなくても世の中を充分に知り、立派に人生を送っていけると思う。たとえば学問をするとしても、理想的には自分の言語を一つだけ知っていれば充分なはずである。しかし分野によっては、広い世界のどこかで行われているはずのことがよくわからないとうまくいかないということもある。そうなれば、仕方なしに二つ、三つの外国語に手を出さねばならなくなってしまう。

わたしの場合、高校生の頃からさまざまな言語に手をつけたのは、実のところは他人とコミュニケーションを持ちたいという望みを果たすためではなかった。この頃よく聞く〝国際〟的な生活の必要性を感じたためでもなく、学問のためというのでもなかった。

〝見知らぬ奇妙な文字の連なりの背後には、自分の知らない世界が開けているに違いない〟とか、〝知らない言語で話している人物の口から出ている奇妙な音の連なりの背後には、わたしにとっては別世界に住んでいるその人物の歴史や文化が隠されているに違いない。喜怒哀楽も隠されているに違いない〟。そんな世界を垣間見てみようなどという気が起きてきたのは幼児の頃からのことであるが、それが本格的になったのは、その後、大学に入ってからのことである。

その当時のわたしにとっての、さまざまな言語の学習の目的は、主に外国の詩に見られる表現が持つ本来の意味やニュアンスを知りたいためでもあった。

たとえば、フランス語では〝野菜売りの商人〟のことを〝四つの季節の商人〟（marchand des quatre

saisons）と言う。それを直訳して日本語にしてみれば「〝四つの季節を売る商人！〟、なんとフランス人は詩的で美しいことを言うのだろう」などと感心することになってしまう。しかし、それは正しいのだろうかと気になってしまったのである。この単語もフランス語では単なる〝ヤオヤ〟を意味するだけである。また、フランス人の側から見れば、「日本人の言うことはなんと詩的なのだろう。我々にとっては単に〝ヤオヤ〟でしかないものを、日本人は〝八百もの物を売る商人〟などと美しい表現をする」ということになってしまう。日本では単なる〝マンネンヒツ〟も、アメリカ人は〝泉の筆（fountain pen）〟などとしゃれて言う、アメリカでは単なる〝ファウンテンペン〟でしかないものを、日本人は〝一万年ももつ筆〟などとすごいことを言う、などと錯覚するようなことになってしまうのだ。

初め新鮮に思える言語の表現形式は、どんなものであっても二度、三度と使われれば驚きは少なくなり、それがごく普通に使われていれば、その形式が持っていたはずの背後の意味は消え去ってしまう。たとえば、〝山下さん〟などという姓も、初めて接した時ならば、〝山の下〟で、確かに面白い。しかし日常生活の中で普通に使われていれば、それは単なる〝ヤマシタ〟という一名称に過ぎなくなる。いちいち聞くたびにその意味などは考えていないのだ。言語のこのようなところに興味を持ち、さらに別の言語での場合と比べてみると、なかなか興味深いことを発見する。

そうなると、ますます他の言語に手を出し始める。こんな調子でインドネシア語、アラビア語、ハンガリー語などと、節操もなく次々に挑戦しているうちに頭の方も満杯になってきてしまったのだろう。夜、寝ていると、ふと思いついた単語が異なった何言語もの単語と重なってワーッとばかりに頭の中に流れ出し、渦を巻く。そうかと思うと、自分の知っている何語を使っても、言いたいことがどうしても表現できず、そのうちに頭の中がボーッとして、一種の真空状態になってしまう。ついに、これではマズイなと思うようになった。

その頃はまた、中国語の学習に励むあまり、目に入る漢字はすべて中国語の音で読もうと努力したりした。その成果と言えば、中国語がうまくなったというよりは、日本語の本を声を出して読むことがひどく苦手になったというだけのことだった。

そうかと思うと、新聞などの文章を、ちゃんと正確に一字一字目で追いながらも、イントネーションだけを感じ取って、意味内容は一切読み取らないという練習をした。読書を一種の音楽として楽しむという訓練を、それも東京弁でやってみるとか、関西弁でやってみるとか、いろいろ凝ってみて、一人で悦に入っていた。この方の成果もまた芳しくなく、自分の日本語感覚がおかしくなるとか、または妙に早口になってしまったというようなことに終わっただけで、特に音楽的に何か得たとかいうことはなかった。

虫や動物に狂っていた子どもの頃、高校の体操の練習、そして外国語学習などを通じて、〝馬鹿げた努力〟という言葉が、わたしにはモットーのようなものになっていた。

努力すれば何事もできる、というのではない。それどころか、いかに努力をしてもできないことがあるということには確信のような気持ちを持っていた。わたしにとっての努力とは、特定の最終目標に向けてのものではなくて、ある種のテーマの追求に伴うというだけのものであった。従って、結論としては何かができるということはあったとしても、そのようなことは副産物に過ぎなかった。それに、何に関して努力しているのかと言えば、わたしは世間ではまったく意味がないことに熱中していることが多かった。虫になろうとしたり、アフリカの言葉を学ぼうとしたり、そういうことは、世間的に言えば一銭にもならないことであった。もちろんのことだが、他人がしないようなことをあえて探して、それを選び出したのでもなかった。より正確に言うならば、〝馬鹿同然のことに、馬鹿げた努力でかかわってみる〟ことに、情熱を燃やしたということなのである。

観劇好きの〝外人部隊〟

大学院では映画の映像研究をすることになったのだが、専攻は芸術学の演劇ということだった。そこでの授業のほとんどは日本古典演劇に関するものだった。わたしも歌舞伎、能、民間芸能などというものに関する古い日本語の本に接したり、堅苦しい文章を読まされたり、発表らしきものをさせられたりしたが、その世界のことには恥ずかしながら関心がなかったので、本当のことは何もわからずに適当にやりくりした。

同級生の七、八人のうち、日本人は三人しかいなかった。オーストラリア、ユーゴスラビア、セイロン、アメリカと、まるで外人部隊のようなクラスであった。わたしを除く全員が、日本の古典演劇見物に寸暇を惜しんで出かけ、日々を忙しく送っていた。その中で、わたしはついに一回も歌舞伎や能を見る機会に恵まれないままに、大学院を修了することとなってしまった。

わたしの方は相変わらずアルバイト生活が続いていた。日本語を外国人に教え、雑誌に雑文を書き、アジア・アフリカ語学院でスワヒリ語の講師をし、NHKの国際局でスワヒリ語放送の翻訳をしたり、たまにはマイクの前に座って放送したりする、という日々を送っていたのである。その合間をぬって、映画もたくさん見た。当時はビデオとかレーザーディスクなどという便利なものはなかったので、安い映画館に通った。一本の映画を何回も何回も見て、その絵作りやら画面展開などを会得した。そして読書の方は、演劇関係のものはほとんどなく、もっぱら美術、知覚心理学、それに記号論、言語学のようなものばかりを読みあさっていた。

要するに、わたしの映画への関心は作品そのものには向いていなかったのだ。ましてや自分も監督になって作品を作ってみたいなどというものではなかった。映画監督のような仕事は、大声を出して周囲の人々を操り、自分の意志意欲をどこまで映像的に実現させ得るかということを追求できるような実力を持つ人間に向いているように見えた。とてもわたしのような、単独行動型で、自分のことは全部自分でしなければ気がすまないという性分の人間には、初めから向いているようには思えなかった。

大学院の修士課程は二年である。もっとも修士論文は三年目、四年目に書く人も多いので、二年間いさえすれば必ず出られるというわけではない。わたしは、もともと長期滞在をする気はなかったので、入学と同時に論文を書くことをそれとなく心の中で準備しながら、むしろ二年でそこを出た後の身の振り方を考えていた。修士論文はごく短期間で書き上げた。そんなわけで論文はあまり良い出来ではなかったが、書いたことの基盤には明らかにその後の自分の世界の一部となるようなものがあったことは確かである。論文の内容は初期のロシア映画の映像について、エイゼンシュテインやプドフキンといった大監督を中心において考察したものだった。

フルブライト試験に挑戦

就職試験を受けるといっても、文科系の大学院出を受け入れてくれるような会社は、新聞社やテレビ局のようなところしかない。そういうところは競争も激しくて、どうせ入れないだろうし、万一受かったとしてもその種の仕事を続けていく自信は持てなかった。スワヒリ語や日本語の講師の仕事は、いずれも週二回、三回の夜学の講師のようなもので、生活を支えるという意味ではとても生業《なりわい》とはならない。その他、物を書いたりすることも多かったが、こちらの方は、収入よりは支出の方が勝っている状態なので職業と呼ぶにはほど遠い。

やはり、できることならば勉強をもっと続けていくのが一番良いと考えると、今度は自分が興味を持っている言語や文化に直結したことを本格的にしてみようと初めて思い立った。そうなると、また大学院という所に入るわけである。それはそれで良いのだが、その方面の勉強となると行き先は言語学科または文化人類学科ということになってくる。わたしの学歴から見れば、そのような所は入学試験を受けることは許されても、入学を許される見込みはありそうには思えなかった。結局、行けそうなところとなると、外国の大学しかないのである。それは仕方がないとしても、こちらは費用がまるでない。当時は国際空港は羽田にあったが、せいぜい家からそこに行き着くのがやっとのお金しか持っていない。

わたしは自分が一番ついてみたい先生がいる学校を調べ出した。言語と文化をつないでいる研究機関があるところはそれほど数が多くはなかった。国にしても、アメリカ、フランス、ドイツ、イギリスといったところで、わたしが探し出した先生も、ほとんどがそうした国のどこかの大学に所属していた。

そのいずれかの大学院に入るために、わたしにとってもっとも可能性がある道は、国家留学試験のようなものを受けることである。わたしは研究分野を言語または文化、そしてフィールド(専門とする地域)はアフリカと決めた。先に挙げたどの国でも、このような分野での勉強は可能だった。そのうえに、こうした国々は毎年、国家奨学金を出して日本からの留学生を受け入れていた。

わたしはドイツを外した。理由は簡単だ。ドイツ語ができないからである。その他の国もいろいろと検討してみると、費用、受け入れ体制、そして試験の日取りなど、わたしの希望にもっとも適しているのはアメリカのフルブライト奨学金であるということがわかって来た。わたしはまず、フルブライト試験、次にフランス政府奨学生試験、それからイギリスの試験と順序を決め、その線に向かって書類などの準備を始めた。

試験を受けると言っても、経歴としては向こうで学ぶこととは関係のないことばかりをして来た身である。書類審査で、それだけの理由でも落ちるかも知れない。そのことは覚悟していた。フルブライト試験の申し込みには、希望校としてカリフォルニア大学ロサンゼルス校（ＵＣＬＡ）を第一候補、第二にコロンビア大学、第三にイェール大学を書いた。その順にわたしの先生として狙っている人々がいたからであり、わたしの研究分野の資料が豊富に集まっていたからであった。

試験には推薦状が必要だったが、早稲田大学の西洋哲学の安部民雄先生や、文化人類学の西村朝日太郎先生、それに日本アフリカ協会の福永英二先生といった人々が喜んで引き受けてくださった。それのみではなく、大いに励まして下さって気を強くした。この三人の先生方は、わたしのしていることに興味を持っているというよりは、いつもよく理解していて下さった方々だ。わたしは試験の合否などというよりは、推薦状を書いて下さった先生方のお心が大いに嬉しかった。

過去、といっても二十二、三歳までに自分が書いたもののリストや、アメリカで、どの先生の下で、何をどのように勉強したいかなどということを具体的に書いて、フルブライト委員会に申し込んだ。数日して、幸運なことに、委員会に面接に来るようにとの連絡を受けた。フルブライトというと、何十倍という英語の試験をすぐ思い出すという人が多いらしいが、わたしには英語の試験はなかった。後に、芸術の実技関係の人にも英語の試験を免除された人がいたことを聞いた。

試験場に行くと、数人のアメリカ人と日本人の学者からなる試験官がいて、わたしには前半は英語で、後半はフランス語で口頭試問をした。フランス語では、スワヒリ語の文法の概要を話させられた。大変和やかな雰囲気だったし、内容も考え込むほどのものではなかったので、試験というよりは雑談風で楽しかった。しかし冷戦の真っ只中の時代である。そんな時に、マルクス経済学で大学を出、ロシア映画の研究をしたという人間が、学歴としては何の関係もない言語学や文化人類学を大学院で専攻するために受けている試験である。そんな受験では受かる望みはあまりない。事態はこれまでと思って、試験場からの帰りにはアメリカ行きはすっかり諦めてしまっていた。

ところが、数日経つと、通知が来た。別に期待もせずにその文面を見ると、何と試験に受かったのみではなく、学費、アメリカ滞在費、往復運賃、研究費などすべて向こう側が持つということが書いてあった。アメリカのどの大学の大学院に行きたいかをすぐ知らせるようにと書いてある。

奇跡のようなことが起きるものである。何かの間違いではないかと気になって、委員会に電話してみると、わたしは本当に受かっていた。とりあえず、アメリカの大学院の授業で学ぶぐらいのことは、出発前に自分で終えておこうと思い、早速、猛勉強を開始した。そうすれば授業などというものから出てくるわずらわしさから逃れ、貴重な資料がたくさんある図書館などを充分に活用できると考えたのだった。それともう一つ、アメリカに持って行く予定の荷物の中に、日本の大正、昭和の代表的な文学の文庫本をつめ込んだ。一度は集中して日本の作品を読んでみようという夢を実現するためである。

アメリカ女性と結婚

自分の結婚を忘れてしまったというわけではないが、そのことにはまだ触れていなかった。第一、わたしの場合、結婚は他人に話すというほどの出来事ではなかったし、何かそれで日常生活が変わったというわけでもなかった。

フルブライトの試験を受けようとしている頃だったと思うが、学生時代の女の友人がアメリカから何の前触れもなく日本にやってきた。

彼女の家系は先祖代々ヨーロッパ系のアメリカ人であるが、日本語を普通に話す。親が大変な東洋好きで、特に日本には並々ならぬ興味を持っていたので、自分の娘には日本語を子どもの頃から詰め込んだのである。日本語での会話力だけではない。日本に関する学問まで身に付けさせようとしたのだ。彼女は古文、漢文、その他の特殊な日本文になると、わたしよりはよく読める。草書体の文献になると、わたしには歯がたたないが彼女はかなり楽に読みこなした。中国語の古典の読みは確かだ。一口で言えば、日本の大学の国文科の学生よりはずっと日本語の理解力を持っている。顔かたちを別とすれば、日本人に違和感を与えるところはまったくない。

彼女は学生時代に仲が良かった文学仲間の一人だった。しかし、わたしとデートをしたり、手紙をやり取りするということもなかった。そもそもわたしの生活は、その種のこととは縁が遠かった。彼女は早稲田大学の文学部に一年半ほどいたが中退し、アメリカに帰国してカリフォルニア大学のバークレー校に行ったと聞いていた。早稲田の頃には、文学仲間とともに一緒に芸術映画祭に行ったり、文芸講演会に行ったりしたものだった。しかし、彼女の帰国後、わたしはアフリカに行ってしまったりして、二年ほどは年末年始の挨拶状を除けば、お互いの様子も知らなかった。

彼女の名前はサリーというが、そのサリーが突然、日本に戻ってきたのだ。当方も無一文、サリーも無一文。そんなところで気が合ったのかも知れない。うろうろしているうちに、結婚しようということになった。なにしろ、ガイジンとの結婚である。双方の親の反対は覚悟した。しかし、サリーの親は、意外にすんなりと認めてくれた。結婚は当人次第ということなのである。それは必ずしもアメリカ流というわけではない。彼女の父親は、結婚の話が出るまで娘であるサリーにわたしが何ひとつおごったこともなく、収入はすべて本を買ってしまうということを知って、そんな男ならと安心してくれた面も大きかったようなのだ。わたしの親は、結論としてはわたしの思うようにするということになった。しかし、「この結婚は、田舎のおばあさんだけには報《しら》せないように」と父には釘をさされた。わたしは大好きな田舎のおばあさんを久しぶりで思い出した。人喰い人種であるかもしれないアメリカ人と自分の孫が結婚すると知ったならば、おばあさんは驚いて死んでしまうかもしれない、というのが父の意見だった。

結婚式はしていない。わたしはもともと式をする気もないが、そうした式の反対論者では決してない。ただ、わたしはいかなる種類の式にも恐怖感を持っている。結婚式などというものに出るのは恐ろしくもあり、恥ずかしくもある。それに、結婚資金などゼロである。アフリカ行きの場合のように、新婚生活費を得るために会社まわりをして募金をしてもらうわけにもいかない。

とりあえず、近くの区役所に届けを出しに行った。それからアメリカ大使館に行って登録した。書類を渡すとき、「手を挙げてください！」と係の男の人が言ったが、それは「手を挙げろ！」と命じられたように感じた。言うまでもないが、結婚の届けを手を挙げて神に誓う儀式をおこなったのであるが、冗談好きのわたしは、「これは、この女に降参したという印に手を挙げるのですか」と係の人に言い、大いに笑わせた。それから、数日して新宿の中華料理屋に家族が集まった。その時は、まさかラーメンだけではなかったが、式用の特別料理でもなかった。それで結婚に関しての公的な行事（？）は終わりとなった。

初めは日本式の家を改造したアパートで、三部屋続きの真ん中の部屋を借りた。各部屋は両隣と文字通りに襖《ふすま》一枚で仕切られている。両隣とも理由《わけ》ありの中年夫婦で、時々、深刻そうなヒソヒソ話や、すすり泣きが、薄い唐紙を抜けて我が家――いや、我が部屋――に漏れ聞こえてきた。

便所は部屋の前の廊下の隅に、一つだけ日本式の薄暗いボットン便所があって、三世帯共有である。一週間に二度ほどの割合で便所掃除があり、わたしたちはそれに精を出した。「ガイジンの奥さんなのに、お偉いですわね」と、隣の奥さんは廊下で顔を合わせるたびにサリーを褒めた。

それから、中野区の哲学堂という公園の裏に引っ越した。今度は一戸建ての家である。とはいえ、六畳一間に一畳ほどのささやかな台所と小さな便所が付いてるだけの家である。ガス、水道はない。庭には昔風の井戸があり、そこから水を汲んできた。家のことをもう少し正確に説明すると、それはかなりの坪数がある農家の庭の隅に作られている離れであり、多分、何かの事情で不要になったので借家に出されたものだった。

わたしはその家が気に入った。なんだか毎日、キャンプ生活をしているようで気分が良かった。それに、すぐ近くには水鳥が来る川があり、公園に行けば緑と土が充分にあった。その家がアメリカへの出発地となった。

勉強、そしてアルバイト。その生活は、世間一般の夫婦に似ている点はまるでなかった。

21 惹かれ続けてテクテクと

公費留学生とストリップ・ショー

フルブライト奨学生としてロサンゼルスのカリフォルニア大学に行く前に、ハワイで一か月間ほどオリエンテーションを受けるようにと、アメリカ大使館から通知があった。ハワイに行けるとは、わたしには思いもよらないことだった。福引きにでも当たったような気にもなった。

二十七歳の夏に初めて大型の飛行機に乗ったことになる。それまでの旅行は、国内も国外も、すべて船か汽車か、または車、バス、ロバ、ラクダ、そして徒歩と、身体が直接に地面に着いていた。

しかし今回は、羽田からホノルルに向けて飛びたった。飛行機というものは、青空の中を真綿のような雲を抜けてフワーッと流れて行くものかと思っていたが、途中ではひどく揺れて、「なんだか、悪路を突っ走るトラックのようなものだ」との印象を持った。隣席の若い男性が、道中ずっと青ざめた顔をして、体をガタガタ震わせていた姿が、妙にはっきりと目に焼きついている。

一九六〇年代の半ば過ぎのハワイには、まだ高層ビルなどは建ち並んではいなかったし、日本から訪ねて来る観光客の姿も少なかった。わたしは他のさまざまな国からの政府給費留学生とともに、東西センターという所の寮に入れられた。日本、台湾、香港、シンガポール、タイなどの東南アジア諸国からの大学院生や教員が、百人ほどそこに集められていて、朝から午後三時過ぎまで、毎日、アメリカについての講義を受けることになっていた。アメリカの宣伝のための講義ではない。教養課程で学ぶような内容のアメリカ文化論や、言語学、文化人類学などの紹介である。

わたしは、そうした授業をサボることはなかったが、それよりは、やはりハワイの自然の方に気をとられ、ワイキキなどの海辺ではなくて、山の側をほっつき歩いたりして余暇を過ごした。熱帯の植物、雨、そして小鳥たちの姿、すべてがわたしの好みに合っていた。そこにはわたしが知っているアフリカの乾燥した悟りの世界とは異なって、過度に湿気を帯びた妖しい暗緑の世界があった。山に入ると小雨に煙る茂みのそこここに小鳥の美しい鳴き声が響いていた。

もちろんのことだが、友だちと連れだって、ワイキキの浜にも時には行ってみた。ピンク色の肌をした巨大な肉の塊といった白人のオバさんが、ちっぽけな水着をつけただけの姿で、砂の上にゴロリと寝そべっているのを見たりすると、北の海のセイウチやアザラシ、またはアメリカの雑誌で見る漫画のゾウなどが思い起こされた。さまざまな肌の色と身体の線、勝手な装い、思い思いの姿勢や仕草、まさに砂の上は人間動物園のようであった。わたしは泳ぐことよりは、そんな光景のほうが面白かった。一か月以上ものハワイ滞在を、とうとう海水には指一本触れることもなく、裸で砂浜に寝転がって肌を陽で焼いてみるということもなく、陸の上だけで過ごしてしまうこととなった。

ある夕方、音楽や演劇を専攻しているタイやシンガポールの仲間が、アメリカ文化の研究のためと称して、下町のストリップ・ショーを見に行こうと言いだして、ついて行った。ゴミゴミとした所に、いかにも場末といった感じがする小屋があり、その中で、異常に乳房の大きい太ったオバさんが、両乳首の先に細い紐を結びつけ、その紐の先端には小さなオモリを付けて、手の助けを借りずにその二本の紐を器用に右にまわし、左にまわし、そして交差させるといったあんばいに揺り動かし、振りまわして見せた。

エロチックという面はそこにはいささかもなく、奇妙で奇抜な体操を見る思いだった。おもむろに周囲を見わたすと、われら留学生仲間数人を除くと、百人ほどの観客のほぼ全員がアメリカの兵士たちだった。考えてみれば、お客の全員が政府からの支給生活者だったわけである。「みんな公費で見に来ているな」と思うと、ストリップなどよりは、そちらの方が愉快になった。

ハワイ滞在は、確かにわたしの勉強には役立った。チャーリー・ブラウンやスヌーピーのような漫画を初めて読み、アメリカ人の日常の一端を知った。その時まではまるで興味がなかったハワイアン音楽を聴き、フラダンス見物にせっせと通い、さまざまな民族の血と文化を背景に持った踊り子たちと知りあって南海への目を開かされた。夜になると町はずれの寂しい一杯飲み屋風の店で、年老いた日系一世のジイさんの生い立ち話にしんみりと聴きいった。

これは修学旅行ではないのでもちろん勉強もした。映画俳優にでもなっていたらと惜しまれるほどハンサムな顔をしているのに、ポリネシアの言語学の専門家になってしまったシュルツ先生に、アメリカの記述言語学の手ほどきを受けた。言語の研究を哲学的にではなくて、実践的なものとして学んだのは初めての経験だった。

オリエンテーションの最後の日には、修了式のようなものが行われた。一堂に会したわたしたちは、一人ひとり名前が呼ばれると教壇の方に歩み出て、そこに立っている講座主任の女の先生から修了書とホッペタへのキスをいただいた。四十代半ばのその先生は、地中海型の顔をした大変な美人だった。

ところで、わたしはハワイ滞在中、海にもまったく入っていないし、風呂にもしばらく入っていなかった。そんな状態なのにホッペタにキスされるなんて、これは困ったことになったと思った。結局は成り行きに任せることになったとはいえ、多分わたしだけが、ちょっとだけ塩辛い味を、気品のある女先生の唇に残したのではないかと、今でも失礼なことをしたと気にしている。

ロサンゼルスの我が家

九月に入り、ロサンゼルスに落ち着いた。サンタモニカのすぐそばのウエストゲイトの住宅街にある小さなアパートが、わたしのアメリカでの家となった。妻のサリーが一足先に家を探しておいてくれたのだ。家のすぐそばからバスに乗れば、十分たらずで海岸に出ることができる。ヤシの木の並木が南国的な雰囲気を感じさせてくれる海辺の道から太平洋をながめると、心までが広くなった。材木を組んでつくった桟橋は古ぼけていて年代物だったが、そこでチャップリンが作品を作っていたと知ると、妙に心に訴えるものがあった。

わたしの家は当時の日本の状況から見れば、高級マンションの類に入るのかも知れない。しかし、その地域ではごく普通のものである。我が新居にはささやかながら芝生が敷き詰められている庭があり、時間ごとにいくつかのスプリンクラーが一斉に水を噴水のように噴き上げて庭を湿らせ、澄み切った空気の中に虹を描き出した。

本来は砂漠のような荒れ地だったこの土地に人の手で造り出された見事な自然に、わたしはちょっとした戸惑いを感じずにはいられなかった。しかし、その庭にも野鳥が二羽、三羽と飛んで来た。まだ本物の自然がこの大都会から消えてしまったのではないこともわかり、嬉しくなった。アパートの入口には大きなバナナの木が生えていて、予想外に見事な房をつけていた。そして、そのあたりにはチッポケな体のハチドリがやってきて、空中に静止したまま花に細いくちばしをさし込んで飛び続けるという、曲芸の極致のような技を見せてくれたりした。

家には寝室が一つ、十畳ほどの居間が一つ、六畳ほどの台所が一つ、それに勿論、風呂がついていた。台所には大きな冷蔵庫、皿洗い機の類は言うまでもなく、一通りの食器類もそろっていた。それはわたしにとっては、充分過ぎるほど立派なところで、大いに満足のゆくものだった。

ところが最初の日、このアパートに夕刻に着いた途端、実はわたしは妙な体験をしたのである。まだ自分の新居の戸を開けないうちに、手前のアパートの二階から身を乗り出すようにしてわたしを見ていた中年の女性が、「お若い人！　ちょっと、おたくの隣の家をのぞいてみてくれないかしら。毎朝、決まって芝生に出てくるジイさんが、今朝からずっと姿を現さないのよ。トイレの中に、倒れているんじゃないかと心配になって」と、大声で声をかけてきたのである。

そう言われて隣家のドアを開けて中をのぞくと、なんと彼女の言葉通りに、身長二メートルはあるかと思われる大男のジイさんが、トイレのそばにうつ伏せになって倒れていた。

あわてて駆けつけたその女性と、ジイさんの重そうな身体をようやくトイレから動かし、医者を呼んだ。職業は看護婦だそうで、仕事は要領を得たものだった。それから、わたしたちはジイさんの子どもたちだという人々に電話で連絡を取った。しかし、電話口に出た息子らしき人物は、「八十五歳ともなれば、そんなことも起こり得ますよ」と、平気である。「それに医者が来るのならば、何もわたしがわざわざ行かなくても」と、五十代と思われる男の声が冷たく電話の向こうから聞こえ、やがて消えた。

ジイさんの体力は、その日のうちに回復した。そして翌朝、自力で庭に出て来て、わたしに出会った。昨日の話が出ると、自分を助け出したのはこんなアジア人の若造だったのかという見下げた表情を顔にはっきりと出して、プイとそっぽをむいて部屋に戻ってしまったのだった。そのジイさんとのつき合いは、その後はなかった。

入居後二、三日で、わたしはアパートの住人たちと仲良くなった。二階にはエジプト人の若い経済学者がいて、東洋の気品を感じさせる礼儀正しい隣人づき合いと、夜中に演じるガールフレンドとの奇怪な騒ぎという二つの異なった日常の使いわけで、隣人たちの井戸端会議に絶好の話題の種を与えていた。「きのうの夜中、女の叫び声が聞こえましたかしら。あの人、彼女に何をしたんでしょう」といった調子で左隣の独身のオバさんが、興味津々といった感じを込めて、挨拶がわりにわたしによく声をかけてきた。彼女は十代の頃にスターを夢見てハリウッドにやって来たのだそうである。その夢がかなわず、その後十数年は保険会社に勤めているという話だった。彼女の帰宅はすぐわかった。夜、自分の部屋に入るなり、必ず同じ曲のジャズを大音量で聴く習慣があったからである。

右隣には、日本人そのままといった顔つきをしていながら、日本については何ひとつ知らず、そのようなことには一切関心も持っていない日系三世の女子大生が二人いて、大学でフランス文学を専攻していた。勉強に遊びに、いかにもアメリカの若者といった感覚で張り切っている二人だったが、入れ替わり立ち替わり訪れて来る男の友人に東洋系らしい人物を一人も見たことがなかったのは不思議である。

そしてさらにその向こう隣には、三十代半ばの独身の会社員が住んでいた。非常に気さくな人物なのだが、彼の友人らしき者の姿を見ることはまるでなかった。文字通り、独身、孤独の紳士なのだった。生活態度がユニークだった。朝七時半にはしゃれたスポーツカーで出社。夕方の五時にはちゃんと帰宅。すぐにバーベキュー用具を庭へ持ち出し、自家用のビール樽から大ジョッキになみなみと注いだビールを飲みながら、大きなステーキを焼いて食べる。やがて日が暮れる。するとおもむろに部屋に入り、クラシック音楽を聴く。それを飽きもせずに、毎日毎日正確に繰り返すのである。

アパートのわたしの部屋の真上の住民とはつき合いがなかった。ただ、一度、わたしの部屋の真上で銃撃騒ぎがあり、警察が入った。そんなことでわかったのだが、頭上の隣人は南米コロンビアからの血の気の多い若者だということだった。ピストル騒ぎも困ったものだが、もし銃口を下に向けて撃ったりしていたら、弾は床を突き抜けてわたしの部屋に勢いよく飛び込んできたかも知れないのだ。せいぜい派手なながぐり合い程度にしておいてほしいと思った。事件の二、三日後、彼らの姿はアパートから消えていた。

〝ロサンゼルス〟は妙な所だ。ロサンゼルス・カウンティ（郡）の内部に、ロサンゼルス市とか、サンタモニカ市、ビバリーヒルズ市、ハリウッド市などが入っている。それだから、とにかくだだっ広い。わたしの家はサンタモニカ市とビバリーヒルズのすぐ近くにあったので、その地域に住む友人から食事や家庭パーティーに誘われることも増えてきた。

しかし、なにしろわたしには自動車がない。それで思いもしない会話が出てきて困ることが時々あった。たとえば、ビバリーヒルズの友人からわたしの家に電話がくる。それは妻のサリーへのものである。「もしもし、今日の夕方、うちに遊びにいらっしゃいませんか」と、相手方が言う。「伺いたいのですけど、あいにく車がないもので……」と、サリーが言う。「それではスポーツカーでも何でもいいから、別の車でいらっしゃいよ」と相手が言う。「そのスポーツカーも、あいにくなくて」とサリーが言う。「それなら、ちょっとだけ御主人の車かなんかを借りて……」と、相手が言う。話は次第に別次元のものになってくるのだ。なにしろ、その辺りの住民は、一家に車が一、二台などというのではない。家族一人ひとりが二、三台の車を持っているなどというのが普通なので、車が一台もないなどというこちらの事情は理解してもらえない。ある日、町にバスを通すかどうかということが、パーティーの席で話題になった。結論はこうである。「自動車というものは、自分が行きたい所に行くということが前提だ。しかし、バスは乗客の意志を無視して、定められたコースを走り、定められた所で停車する。これは、個人の自由を束縛する。故にバスを通すことには反対だ」

薄れゆく日本の匂い

ロサンゼルス到着の翌日から、学校の下見、付近の探索を始めた。それは、わたしの習性のようなものである。大学というよりは、庭園と呼んだ方がふさわしいような緑に包まれた構内を見てまわり、初めて見るユーカリの並木の美しさに見とれたりしてベンチに腰を下ろすと、すぐ足元まで平気でやってくるスズメの姿に感激した。そうかと思うと、わたしの目の前を〝堕胎を認めよ！〟とのスローガンを手にしてデモをする学生運動に驚いた。

その数か月後には、ベトナム戦争の反戦運動となり、わたしたちの教室では、〝パスするか、さもなければ死か〟と書かれた黒板を横目に試験を受けるという状況へと入っていたのである。友人にも徴兵の手が伸びた。日本人学生のだれそれが志願兵になったなどという噂を聞いたのも、その頃である。兵隊に行けば、市民権が取りやすくなるなどという話も伝えられていた。顔見知りの日本人女子学生が志願を本気で考えていると話してくれた。アメリカのためでもなく、自由のためでもなく、国籍を早くもらいたいためだった。

わたしも知らずに徴兵検査のようなものを受けていた。入学して間もなく、身体検査があると呼び出されたのだ。軽く考えて、日本にいたときのように、パンツを替えてぶらりと出かけた。しかし、それはとんだ思い違いだった。身長、体重を測り、胸をトントンと叩いたり、片目をシャモジで隠して文字や図形を読んだりするだけなどというお座なりなものではなかった。手足の開閉、屈伸運動、棒ぶら下がりなどから始まって、全裸になっての肛門検査、その上に睾丸までも直接に指でゴリゴリという調子で、これにはさすがのわたしもびっくりした。何しろ、我が身のそのような場所を、見知らぬ男にのぞかれたりいじられたりという経験は、後にも先にもないのである。

ロサンゼルスには、わたしの親代わりになって下さるという人物がいた。ハンス・リースという人で、アメリカ最大の製鉄会社の一つの社長であり、アフリカ諸国でも広く名が知られた人物だった。家は、もちろんというか、ビバリーヒルズにあった。入口の辺りから客室に続く廊下の壁には棟方志功の〝板画〟（棟方は版画を板画と言った）が何枚か掛けてあり、客間は重厚なヨーロッパ家具に囲まれた素晴らしく上品なものだった。ロサンゼルスでの生活の間には、何度もそこに招かれたり、ハリウッド、その他の土地での映画祭などにはいつも席を用意してくださった。

そんな人物だったが、本当は日本に対しては複雑な思いを持っていた。それというのも、彼は第二次大戦中を日本国内で捕虜として過ごし、大変な苦労を味わわされていたからだ。リースさん夫妻はユダヤ系の人だった。

さて、授業の方は快適な状況で始まった。英語を母語としない外国人とアメリカ人を対象とした英語の試験が入学直後にある。ロサンゼルスには英語を母語としない人々も多いのだ。その英語能力試験も無事に通り、何人かの先生との個人面接も終え、わたしはアメリカ人一般学生と同じ条件での単位取得が認められることとなった。

始まってみると、授業内容はわたしにとっては楽なものばかりで安心した。毎日、数十ページを読み、数ページのレポートをタイプして提出しなければならない宿題も気楽なものだった。自分の楽しみだけのために使う時間は充分にあった。クラスの外では、図書館通い、美術館通い、またはさまざまな人種が分かれて住む広大なロサンゼルスの町の探索で過ごす時間がほとんどとなった。中国人街、メキシコ人街、そして黒人地区と、わたしの裏街歩きの趣味は心ゆくまで満たされた。ダウンタウンの近くのワッツ地区は、アフリカン・アメリカンが住む特別な地域だった。特別なというのは、危いということだ。黒人暴動が起きて、他所者《よそ》はほとんど近づくことはなかった。その地域のリーダーと仲良くなり、スワヒリ語を教えに行ったりもした。

何か月かするうちに、わたしの周囲からは日本の匂いがほとんどなくなった。たまにあったとしても、それは外国人として感じる日本の匂いだけとなった。時には、東アジアを専攻するアメリカ人学生などと日本のことを話す機会があったからである。もともとつき合いがなかった日本人留学生は、わたしにとっては校庭で見る景色の一部にすぎなかった。しかし、日本語だけは毎日接した。まず、家に帰れば妻のサリーとの会話はすべて日本語のみだった。わたしは自分が言いたいことを自由に表現するほどの英語力はないが、サリーの方はアメリカ人であっても、日本語に不自由な点は一つもなかったからである。また、その他の点でも、わたしは日本語と密接につながっていた。なにしろ、日本の文学作品は読みきれないほど部屋に積んであったからなのだ。

言語ではなくて、生活が日本離れしたからと言って、アメリカ化されたという面はわたしにはまったくなかった。確かに十五人ほどのクラスには、学科全体でも東洋人はわたし一人という状況だった。しかし、特殊な言語学や人類学の専攻なので、先生にすらアメリカ人が少なかったのである。教室や食堂では、仲間の間でアフリカの諸語、スペイン語、フランス語などが飛び交い、さまざまな思想が対立し、交差した。その中で、アメリカ的な生活や英語はむしろ姿を潜《ひそ》めているようでさえあった。わたしは、アメリカの中の異国にいた。

文化人類学の道へ

学期末が近くなると大学から図書館での仕事を与えられ、また一年間は勉強を続けられる保証を得た。しかし、どういうわけかわたしの心は帰国に動いた。日本に帰るといっても、何か生活を支える仕事の見込みがあるわけではない。しかし、持ち前の開拓魂のようなものに支えられてか、とりあえず東京へ向かおうと心を決めた。

その時期を九月末と決め、七月、八月の二か月をアメリカの言語学会主催の講座に出る計画を立てた。この講座はアメリカの言語学会最大の催しであって、文字通り、世界中から錚々《そうそう》たる学者が集まって、二か月ばかり、言語学のすべての面にわたっての講座や講演を行うことになっていた。その中に、是非とも参加してみたいと思う講座がいくつかあった。

せっかくアメリカにいるのだから、そのチャンスを逃してはと思い、早速、二、三の先生に推薦状を頂いて申し込んだ。大先生が素晴らしい推薦状を書いて下さったらしく、望み通りの奨学金を手に入れ、授業参加費、生活費までを得ることができた。こうしてまた人様の世話になることになったわけである。

楽しい夏を過ごした。朝から晩まで、仲間と言語学や文化人類学の話をし、図書館で勉強し、レポートを書いて、夜はビールを飲んだ。アメリカは、その後もずっとわたしからは精神的には遠い国であったが、わたしに最も多くのものを与えてくれたのはアメリカであった。

十月の初め、わたしは日本に戻った。いくつかの原稿を雑誌のために書いたり、大勢の人の前で話す機会を持っているうちに、わたしがおこなっていることは、どうも言語学とか文化人類学と呼ばれる分野に近いということに改めて気づいてきた。

自分の満足のためだけの勉強ではなくて、その方面で何か仕事をしてみたいと思い始めた。言語学や文化人類学で何か世の中の役に立とうというのではない。それを活かせる仕事はないものかということである。しかし、そのためには何をどのようにしたらよいのか見当もつかない。そして気がつけばまた、いつものように自分の勉強を続けていて、就職のことなどはすっかり念頭になくなっている。明日の生活が心配になるようなことが一度もなかったのは、やはり、わたしの楽天的な性格のためなのだろう。

自分ができることならば、どんな職種の仕事でもやっていける。その場所を自分の研究対象領域にしよう。そんな気でいたので、行く手は決して暗くはなかった。いや、心の中は明るく燃えていた。

I 南アフリカ共和国

〝日本人ハ賢イ〟の意味　アフリカでは万事が大きい

ふるえる朝

八月になると、二年前、南アフリカ共和国に入国した当時のことを想い出す。寒い日の連続だった。真冬だと知っていてもアフリカだからというので、旅具の奥に冬用の衣類をしまい込んでしまったのがいけなかった。霧の降りた朝の路上でわたしは黒人たちと一緒にふるえなければならなかった。アフリカでのわたしの生活はこんな具合に始まった。

黄色い葉群れを柔らかい陽の光に輝かせている美しいミモザの木立に目を見張り、ゆるやかな起伏が果てしなく繰り広げられている大平原の中で、一本の白く光る金属帯を投げかけたような素晴らしいハイウェイを二日間ドライブし続けていくと、巨大な都会があった。ヨハネスブルグだ。林立するビルの合間を眼のするどい黒人が多勢、下を向いて歩いていた。

区別と差別

わたしは南アに着いてすぐに受けた印象を思い出し、なにかやりきれない気持ちになった。南アに着いた翌晩だった。小さな町に着くなり、レストランで食事をとることを断られた。皮膚に色がついている人間は他で食事をとれと言うのだ。だが、不思議なことにそれから数時間後、わたしは同じレストランで主人の弁解をききながら、久しぶりのビフテキを口いっぱいにほおばっていたのだ。今度は、白人として取り扱われていたわけだ。

国家が実行している南アフリカの人種政策は、アメリカ人の人種差別とは性質が違っている。南アの人々に言わせれば「わたしたちは差別など一つもしていない」と口をそろえて言うだろう。なぜならば、彼らが法文化し、実行しているのは〝差別〟ではなく〝区別〟なのだというからである。しかし、何度もこの人種差別と区別の実際上の違いを発見しようとしたが、結局それは言葉のアヤ以外のものではないことがわかった。

人種区別などを一生懸命に守っているのはボーア人と呼ばれるオランダ系の移民の子孫に多く、イギリス系の人々にはむしろ差別反対主義者が多いようだ。そのボーア人が言う区別とは次のようなものなのである。

「ヨーロッパ人とアフリカ原住民とインド人等のアジア人は各々、異なった生活体系を持っているので、各々の民族は各自の社会集団を作って生活するほうが幸福なのだ。わたしたちはヨーロッパ人なので南アにやって来てもヨーロッパ風の文明を打ち立て、都市や鉄道を建設した。わたしたちは自分のことのみを考えていたのではなく、余裕のある限り、わたしたちの優れた文明力でアジア人の指導をしたり、わたしたち自身の文明の利器を使用させてあげている。わたしたちは原住民やアジア人の幸福を常に願っているので、援助は決して惜しまないつもりだ。優れたアフリカ原住民の社会、アジア人の社会がこの南アにできたらわたしたちもどんなに嬉しいだろう」なんという善意。そういう意見とは全くうらはらな法律をつくっておきながら、そのことに関しては一つもふれようとはしない。しかし、物を信じこむということは恐ろしいことだ。多くの白人が心から、このような考え方を良いことだと思っている。だが、もっと奇妙に感じたことがある。それは、南アフリカに行ってみて初めて、わたしは自分の人種差別反対理由が〝日本国〟としての反対理由と大分ちがっていることを見出したことである。わたしは差別ということ自体が元来いやなので、白人が黒人を差別しようが、黒人が白人を差別しようが反対の立場をとる。一方、日本国としての立場は、まるで白人になりたいから差別反対をしてきたような感じがするのである。

日本人は白人

有色人種の一つとして扱われてきた日本人を「特別に白人として認める」という南アの法律を

受け入れて以来、日本人はぷっつりと他の有色人種とは縁を切ったようにみえる。「ただし、日本人といえども白人との結婚は背徳禁止法によってこれを禁じる」という但し書きはそのまま受け入れて。南アの有色人種——インド人・中国人・黒人等の——知識層とこの問題を論じていると、「日本人ハ賢イ」ということばをよく聞いたが、それを聞くたびにわたしはいやな気持ちになったものだ。南アでの〝日本国〟としての態度はこんなふうだ。「もし、ホテルやレストランの主人が入場を断るようなことをしたら、パスポートを見せて、わたしは日本人なのだ、日本人は今では白人なのだ」と言い聞かせ、逆に主人の時代錯誤をたしなめてやるべきだというのである。こちらの方がよほど時代錯誤ではないだろうか。わたしの考えでは、ことによったら最近の南アでは日本人の方が白人よりはるかに有色人種にたいして差別意識をもっているのではないか、という気がするくらいだ。

南アフリカ共和国の人口構成は、全人口一四五〇万人のうち、白人は三百万、残りは黒人、インド人、混血（カラード）といった有色人種である。さらに白人のうちの三分の二がボーア人であり、差別主義に固執しているのはそのボーア人の中の幾割かの人々なのだ。しかし、そういった人々が国を動かす実力を持ち、法を定める力を持っているかぎり、皮膚の色が異なった同じキリスト教徒が同じ教会の屋根の下でお祈りをするといったあたりまえのことさえが、いつの日に実現するのかわからない。

危ナイノデス

アフリカには数多くの自然動物園がある。南アフリカ共和国にもクルーガー公園というのがあってわりに簡単に行けるという。野生動物には少なからぬ興味を持っているので、「じゃ、次の日曜日に日帰りで行ってくるか」と言うと、わたしがすっかりその気になっていると大笑いされた。自動車で走り回っても三日や四日ではとても見られるものじゃない、オランダ全土の三分の二の広さがあるというのである。アフリカでは何事も予測以上と覚悟しなくてはならないと聞いてはいたが、まったくその通りなのだ。物事を測る基準が、いかに環境によって限定されてしまうかをあらためて痛感させられたわけだ。

クルーガー公園そのものは、行ってみると期待したほど面白い所ではなかった。動物がどれも人ズレしているのだ。ただ一つ、印象的だったのは「絶対ニ車カラ降リテハイケマセン。命ガ危ナイノデス」と書かれた公園の奥の林の中に、素っ裸の黒人の子どもたちが遊んでいたことだ。付近に数軒の家があり、そのどの家にも垣根などというものはついていないのだった。

2 モザンビーク

どこかのんびりした所　ここにもアフリカの悲劇が

モザンビークに入国するには、湾内で四日間も待たなければならないと船長が言った。貨物船がたくさん入港しているので順番を待つのだ。ラジオのスイッチを入れると、南アフリカのアフリカーンス語放送とモザンビークのポルトガル語放送がよく入り、アナウンサーはアンゴラの政情不安を訴え、祖国ポルトガルを救うための義勇軍にモザンビークの若者が一人でも多く参加するようにと呼びかけていた。

〝魚拾い〟

陸地のすぐ近くで船は錨を下ろしたまま、四日も待たされた間、わたしたちは巨大なイルカが群れ泳ぐ中で魚釣りもした。〝魚拾い〟といった方がよいのかもしれない。一本の糸に魚肉の餌をつけた針を五つも六つも結びつけ、それを船べりからそろそろ海に下ろし、最後の針が少し水の中につかったころ糸を手繰り寄せていくと、針には一つのこらずイトヨリやキスに似た魚がぶら下がっているのだった。

〝魚拾い〟以上に驚くこともあった。糸にぶらさがった魚が海面から船べりにとどくまでの数メートルの空間で、空を飛び交う海鳥までもが釣れてしまうということだ。のんびりと遊びまわっているかのように空を舞う海鵜が、宙づりの魚を見つけるや猛然と飛びかかる様子は恐ろしくさえあった。咽の奥深くまで飲み込んだ針の痛みに力なくあがく様子に、なぜかわたしは「アフリカ」を思い起こすのだった。

入港すると、首都ロレンソ・マルケスは明るい陽ざしを浴びた近代的な都市で、街路は真紅の花におおわれていた。感じのよいビルが並ぶ大通りにはフランス風のカフェが歩道にまでテラスをひろげており、お茶を飲みながら談笑する人々の合間を汚れたシャツを着た黒人少年が新聞を売り歩いていた。ポルトガル人、黒人のほかにゴアからのインド系移民も多く、店の中はかなりの人種でごった返しているように見えた。

ここでは、金さえあれば、人種の別を問わずどこにでも自由に出入りすることができる。それは、実際には、現在の政治体制下で金を稼ぐことが不可能なほとんどの黒人にとっては無縁で意味のないことかもしれない。ただ、やはり南アに比べて町全体が温かく、気が休まるように思えてならないのだった。

ここはポルトガル

ポルトガルは海外県の人間を大きく二分しており、それはシヴィリザーダ（開化民）とナウン・シヴィリザーダ（非開化民）と呼ばれていた。開化民はポルトガル人として通用する人々、すなわち国民であり、非開化民は政治経済活動の権利を持たない人々である。

ポルトガル語で自由に読み書きできる、ヨーロッパ人と同じ生活をしている、初等教育を受けている、キリスト教徒である、といった条件に一つでも欠けている人々——いいかえるならば非開化民——は、開化民総数のわずか四千五百人弱に対して約五百七十万人もいる事実、さらにこの一握りの黒人がアフリカの中の一国としてのモザンビークではなくて、モザンビークをポルトガルの海外県だと考えているということは、大きな問題となってくるのではないかとわたしは思った。

同じ開化民でも「モザンビークがポルトガルの植民地だなんてとんでもない。ここはポルトガルなのですよ。わたしたちはポルトガル人なのです」と言うモザンビーク生まれのインド系の人々や黒人たち。「独立！　とんでもない。アフリカの他の諸国で行われていることは、ここでは起こりませんよ。まさか独立国ポルトガルにクーデターを起こすわけでもあるまいし、自分の国に反抗しようなどとは思いませんよ」と言い切るインド系の人々、マカオ出身の中国系の人々、それに黒人たち。

こういった人々に対して、彼らと同じ人種でありながら、皮肉にもポルトガルで教育を受け、ヨーロッパ人そのままの生活体系を持つに至ったために、自分がモザンビーク人、アフリカの一員だという意識を固くし、故郷に帰り民族運動に身を捧げている人々がいることを考えると、わたしはまたまたアフリカの悲劇に突き当たってしまうのだった。

モザンビークでは文明の力が及ぶ限りの土地で、ある程度のポルトガル語が通じるようになっており、ポルトガル語以外で話しかけてくる者がいるとすれば、それは例外なしにポルトガル人だけであった。

日本びいき

話し好きの人々が多く、英語やフランス語で話しかけて来ては、わたしが日本から来たことを知ると、日本の戦力の強さを褒めあげ、アメリカが原爆さえ落とさなかったら日本は必ず勝っていたと、まるで自分が日本軍かなにかのように確信を持って言うのには弱った。

わたしたちのキャンプは町はずれの浜辺にあった。市営のキャンプ場ではほとんどのお客は世帯道具一式が整ったトレーラーではるばる国境を越えて、休暇を楽しみに来た南アの人々だった。軍楽隊の訓練が町のどこかで行われており、わたしは毎朝六時にはその騒ぎで起こされてしまうのだった。

テントを出ると、決まって囚人服を着た黒人が二十名ほど、黙りこくってキャンプ場内を掃き清めており、革の長靴をはいたポルトガル人の兵隊が一人、それを退屈そうに監督しているのだった。初めの日、軍楽隊の練習はその日の午後にローデシアから来る高官のためだと言っていた。しかし、次の日も練習は止まなかった。今度は別の国から偉い人が来るためだと言った。こうして、一週間、軍楽隊は大きな音を立て続けたので、わたしはもう何も尋ねなくても、この国には毎日偉い人が少なくとも一人は訪ねて来るのだという結論に達したのだった。

黒人兵と毛皮

町の中心部では軍隊が派手な行進をしていた。自動小銃を持ち、鉄カブトをかぶった白人兵はいかめしかったが、変わっているのは黒人兵だった。黒人兵は一番上に毛皮の軍服を着ていて、それが何の毛皮であるかによって、位階がわかるようになっているのだ。レイヨウの毛皮は伍長、ヒョウの毛皮は大佐といった類である。

わたしが軍備拡張問題をとり出すと、すかさず隣にいた男が「その問題は、毛皮がとれてからの話ですよ」とこともなげに答えてくれた。彼の答えは冗談めかした調子ではあったが、緊迫しているとはいえ、どこかのんびりとしたところのあるモザンビークのありのままの姿をいい当てたようであった。

3 ケニア、タンガニイカ

最も〝アフリカ的〟な情景 つい冒険心に狩りたてられる

キリマンジャロから下りる頃になって、雨が降りはじめた。登りに見た創世記さながらの広漠とした景色もすっかり雲に覆われ、麓のホテルまでの下りの二日間、視界はほとんどきかなかった。ドイツ婦人の経営する感じの良いそのホテルに到着するということは、同時にタンガニイカでのわたしの滞在が終わることをも意味していた。下山の後は直ちにマサイ族の土地を通り、ケニアの首都ナイロビに向かう予定になっていたのだ。

冒険小説そのまま

考えてみれば、タンガニイカこそ、わたしたちが日本で持っている〝アフリカ〟のイメージに最も近いところのようだった。首都ダルエスサラームの港から入国以来、わたしたちが三週間もかけてその日までに巡って来た場所や見て来た人々は、幼い時に読んだ冒険小説にそのまま当てはまるようなものが少なくなかった。

野生動物は荒々しく、広大なサバンナの景色には柔らかみがなく、緑の木々には温かみがなく、人々の表情は険しく思えた。毒矢を持った裸の老人、二メートルもある槍を引っ提げた若者たち、恐ろしい入れ墨を顔一面にほどこした男、体中に傷がある男、歯を牙のように鋭く削り、さらにそれを上唇にあけた大きな穴からチラチラとのぞかせている女たち、重そうな飾りをぶら下げているので肩まで耳たぶがたれ下がっている男たち。こういった人々に自動車道路で出会ったことは、以前に訪れた南ア、ローデシア、モザンビークでは一度もなかったのだ。

そこで、現在ではこういった人々もポンドやらシリングといったお金を使い分け、選挙には清き一票を投じ、イギリス紳士風にネイヴィ・カットなどを燻《くゆ》らしながら激しい政治論をぶっている現代人であることは知っていても、やはり現実に彼らの異様な姿にふれてしまうと、わたしは外国から来た人々が昔ながらのアフリカを思い出し、つい冒険心などかり立てられて狩猟旅行にでも出かけたくなるのも無理ないことだと思うのだった。

夢のサファリ

わたしの旅行もサファリ――旅行――の一種だが、今ではサファリというと大体は白人のする豪華な東アフリカ狩猟旅行を意味している。この意味でのサファリは、アメリカやヨーロッパの旅行好きの金持ちが夢にまで見る一世一代の壮挙であり、わたしもそうした幸福そうな人々に道中で何人か出会ったのだった。

一日、三万円も五万円もの金を支払い、ベッドからスプーンにいたるまで黒人ポーターに運ばせ、十日かけてウサギ一匹を仕留めただけであったとしても、やはりアフリカでの狩猟旅行は生涯忘れ得ぬものなのだ。それに、サファリを終えて町に戻れば、たてがみも立派なライオンの首や荘厳な角を持ったレイヨウの首がちゃんと壁掛け式の剥製になってお客を待っているので、大きな獣をいちいち撃ち殺したり、皮を剥いだりする手数もかからない。

ただ、買った獣は首から上しか見たことがないものなので、それが森にいた時の背中の毛並みがどうのこうのという質問には全く推察によって答える以外に手はないのだが、そんなことは問題ではない。故郷の客間では彼自身のサファリの輝かしい記念品であり、その壮挙は子孫に末長く語り伝えられるというわけだ。

ひどい雨の中を丸一日、自動車で走り続けてケニアに来てみると、ナイロビのあたりはよく晴れていた。浮雲と花が美しい海抜一七〇〇メートルの高原の都会だった。白人、インド人、黒人の入り乱れているこの町は、赤道真近とはいえ、背広で一年中を過ごせるほど涼しい。

最高級の屑カゴ

清楚なこの近代都市にはイギリス風の建造物に混じって、お土産品屋も多く、賢そうな黒人が目を輝かせていいカモを狙っていた。わたしたち外国人には正価の二倍で品物を掴ませてやろうというわけだ。買い物は、英語以外の言語で買うと八シリング、英語で買えば五シリング、スワヒリ語などのアフリカの言葉で買えば三シリングと言われているように、店の人々は品物に値段をつけるよりも先に、お客の品定め、値定めに一生懸命のようにさえ思えた。

高級な店になればなるほど、店内は奇怪な品物で満ちあふれていた。丸太のような太いゾウの足をすねのあたりから切断し、中をすっかりくり抜いたものがあり、それは最高級紙屑カゴである。ライオンの尻尾のハエ追い、シマウマの尻尾のハタキ、何かの歯の首飾り、何かの骨の彫品などなど、金髪の淑女とその連れの紳士たちで賑わうこういった土産品店は、考えてみれば動物残酷物語そのものだと思った。

野獣が年々減ってきている。その中の何割かが、わずかな金を得るために殺す黒人密猟者によるものであり、豪華な観光客のための紙屑カゴやハエ追いやハタキのためである。

マサイ族の戦士

ナイロビの片隅には飛行場があり、最新式のジェット機が翼を休めている時もある。周囲の金網に顔を押しつけて飛行機の離着陸をじっと見つめている子供たちの背後に、無表情にすくっと立ちはだかっている大男たちはマサイ族の戦士である。赤土を体中に塗り、赤色の布を肩からかけ、長い刃の槍を手にした若者たち。

彼らはわたしたちにはまるで関心がないようだった。彼らがマサイ族であることだけが重要なことなのであって、わたしたちのような別の種類の人間などは問題外の存在であるようにも思えた。そのためか、彼らの姿は誇りと威厳に満ちているかのようでさえあり、わたしはふと、アフリカで文明開化期の〝武士〟を見たように思ったのだった。

このような人々とは別に、他の集団の人々で奥地から都会に冒険を求めて出てくるものが多いようであった。今やナイロビは、冒険を求めて奥地に行くサファリ客のセンターであると同時に、奥地から冒険を求めて都会に出てくる人々のセンターでもあった。ただ、奥地の人々はお金があるので冒険に来るのではなく、お金がないので冒険に来るのだった。

せわしい交通の流れや冷たいビルの合間での生活には、彼らにとっては未知の世界に乗り込んでいった昔の冒険家の心にも似た、保証のない命がけのものがあるはずであった。確かに彼らは現代アフリカのパイオニアとしての役割を果たすのだろう。

ウフル・ナ・カジ

「ウフル・ナ・カジ」（自由と労働）という言葉が当時の東アフリカでは挨拶のかわりにまで用いられていた。東アフリカが自由と独立を手に入れることが「白人にとっては財産と地位を失う恐れを、無法者には盗みや殺人の許可証を与えることを、誠実な黒人たちにはより良い生活を、素朴な人々には大きなとまどいと期待のはかなさを意味するのだ」とある人は言っていたが、なるほど東アフリカの様相はきわめて複雑であり、雑多でもあり、混乱にも一脈通じるものとしてわたしには見えた。

4 ソマリア共和国

砂漠の中の二〇〇万人　動くもの皆無の果てしない荒野

首都モガディシオの町は、沖合から眺めたものとはだいぶ趣を異にしていた。白く光る太陽を浴びて、ひときわ鮮やかに並んでいるかのように思えた白い石造りのイタリア風の建物は、近くで見るとすっかり崩れ落ちた廃墟の壁だった。町はずれには四角い暗い人家が数軒あり、そこに立つと足もとから向こうはもう果てしない未開の荒野がはじまっていて、生き物の姿といえば、ロバやヒツジの屍体を求めて空に輪を描いて飛ぶハゲタカぐらいのように見えた。

岩と骨片だけ

しかし、それとても荒野のほんの入口でのことだった。この荒野を人々は〝デゼルト〟と呼んでいた。砂漠のことだ。ほんのわずかばかりの草がまばらに生えている茶色い地面にはレンガほどの岩のかけらがごろごろと転がっており、まるで岩かげにひっそりと咲く野の花のように点々と散らばった家畜の白い骨片が妙に美しく、わたしはなにか安らぎに似たものさえ感じたのだった。

町のはずれに立って、長い間わたしはじっと砂漠の彼方を見ていたが、動くものは何もなかった。平らな茶色の地面と平らな青い空が、わたしの視線の行きつくところで巨大な二枚貝のようにただ堅く口を閉ざしたまま、微動だにしないのだった。それなのに、ソマリアの国民のほとんどがこの砂漠の中に住んでいるというのである。

奥地へ行く

ソマリア人は遊牧民で、定まった住み場もなく一生涯砂漠の中を歩きまわっているので、人口など正確にわかるはずもないのだが、とにかく二百万人に近い人々が、この何も見えない砂漠の中を漂い歩いていているのだと政府の役人が教えてくれたのである。そこで、わたしはそういう人々に会いに行くことに決めたのだ。

ソマリアは鉄道や長距離を結ぶ陸上交通機関が一つもないので有名な国である。地図もないのだ。どこへ行っても砂漠は砂漠なので、国の輪郭だけわかっていれば地図など必要ないのだという人もいた。わたしの奥地行きの計画をきいた役人は、奥地に行くのはよいが生命や健康上の保証になるものは何もないのだと話してくれた。だが、一番奥まで入り込めば、石器時代さながらの生活をしている人々に会えるというのでわたしは嬉しかった。

結局、わたしが町を去って一か月経っても何の音沙汰もないようだったら、わたしの身に何だかわからないがきっと重大な事が起こった証拠なのだと、わたしは若い役人たちと話し合ったのだった。

わたしの計画は、たった三日ほどの間に知り合った人々のおかげで、予想外の発展を見せていった。入国管理局はわたしの査証の期限を一応とり消しにして、出国の日までの無期限滞在の処置をしてくれたし、国防長官のアビシン将軍は英語、イタリア語、アラビア語の三か国語でわたしの身分証明書を作り、砂漠に出ているソマリア軍ができるだけわたしの世話をするようにとの注意書きをもそれに加えてくれたのである。

わたしの第一目標は旧英領ソマリランドの首都ハルゲイサにあったので、そこまでは二人で行くことにした。わたしの連れを選ぶのはちょっと難しかった。十人近くの人々の中から結局、二十歳くらいの青年と五十歳くらいの老人が候補に残ったのだが、わたしは青年アブドと行くことに決めたのだった。

薄気味悪い老人

老人の方は、財産もなく仕事もなかったので幼い時から一人でソマリア、ケニア、タンガニイカなどのサハラ砂漠以南の地域はもちろん、エジプト、アルジェリア、アラビア半島からアジアに至るまでぶらぶらしているうちに四十年ほどの年月が経ってしまったのだと言っており、英、仏、伊、アラビア語、アムハラ語、ソマリ語をかなり達者に使い分ける不思議な老人であった。

わたしが出会った時の彼の全財産といえば、着ていたシャツと汚れたズボンだけという有様だったので、旅に出るといっても身辺に気遣うこともなく、出発準備に手間どるなどということもなく、大変都合が良かったのだ。

それにもかかわらず、彼がいつも手にしている長い木の枝が実は細身の仕込み杖だということに気がついたり、妙なことに気のきく頭の良さが次第に薄気味悪くなってきたので、未経験者でも信頼できる青年アブドと一緒に行くことにしたわけだ。

彼は彫りの深い顔をした黒光りのする肌の青年で、がっちりした体格の持ち主だった。そのうえ、彼は大変立派な英語とスワヒリ語を話し、そのほかソマリ語、アラビア語も使うことができるので、わたしは非常に心強かった。わたしは彼をガイドとして雇ったのではない。わたしはハルゲイサに行こうとしていた人々の中から同行者を選んだということなのだ。すなわち彼も老人もその他の候補もみんなハルゲイサに行く人々だったのである。

大雨で死者が出る

出発の前夜は雨が降った。予期していない大雨だったので、わたしがいた付近の低地にいた人々がヒツジやラクダとともに多数死んだ。わたしは出発を三、四日は見合わせた方がよいと考えた。いずれにせよ、大雨の後の砂漠に出ていくなどとは馬鹿げたことだ。それにしてもなぜ、砂漠の住民たるものが危険な低地などにいたのか、わたしには理解できなかった。きっとこの雨は何十年ぶりかのものだったのだろう。彼らは雨にはまるで気がつかなかったに違いないのだ。

雨は二、三日で上がったが、あの出発の日に大雨と大量の死者ではわたしもついていないと思った。するとまったくその通りで、約十日の間二人で砂漠の中を歩きまわったのに、通行不可能な地点に行き当たってしまったのだ。十日も歩いたといっても、実際にはたいした距離を移動していないことも明らかだった。悪天候で動けない日があったり、軍の自動車が通るという噂を信じて半日待ちぼうけを食わされたこともあったからだ。

イナイ・イナイ・バー

わたしはいまだに、どんな理由でその地点が通行不可能だったのかを知らない。ただ、行き合ったソマリア人が、ここから向こうは危険だというので、アブドとわたしは信じたというわけだ。

出水箇所かなにかあるのならまだしも、そのあたりにいるという排他的な人々に出会い因縁をつけられたうえに、腰に差しているたいして切れそうもない鉄の大ナイフで腕でも切り落とされたらたまらない。わたしたちはひとまず町に帰ることに決め、単調な景色の中をぶらぶらと歩きはじめたのだった。砂漠とは確かにおかしなものであった。何もいないはずの所に人が何人もいたり、何かいるはずだと思って近づいてみると、そこには何もいないのだった。

わたしはふと「イナイ・イナイ・バー」という赤ん坊をあやす言葉を思い出し、アブドに教えてやったが、彼はあまり興味を示さなかった。その日、わたしたちは黙りこくって、つまらぬ景色の中を一日中歩きつづけたのだった。

ハルゲイサへ

「結局、ハルゲイサまで行くことは無理なのだ」とわたしの連れのアブドが言ったが、わたしは「そんなことはないよ」と言い張った。するとアブドは頑固な奴で「そんなら一人で行くといい」と言い出したのである。その時、わたしは今は行くなくても、いつかはきっと行けるはずだと思っていたのだ。するとやっぱりその通りで、モガディシオの町でパパイヤやヒツジの肉を食べながら機会を狙っていると、それからわずか三日も経たないうちにソマリアの小型機がわたしをハルゲイサに運んでくれることになったのである。

遊牧民の町

こうして着いたハルゲイサという町は旧英領ソマリランドの首府で、今はソマリア第二の都会だった。とはいえ、もし「これはソマリア第二の都会なのです」と教えてくれる人がいなかったら、わたしはきっとそこを小さな村落と思ったかもしれない。ソマリアではわたしたちの考え方をそのまま当てはめて事物を解釈するととんでもないことになる。遊牧民の町、ハルゲイサの場合もそうで、そこでは建物や施設等は二の次なのだ。

中央には市場用の大きな広場があり、午後はがらんとしているが、朝は店がずらっと並び多くの人で込み合うので町なのだ。その何もない町の周囲には数十軒の箱型の茶色い石造りの家が並んでおり、さらにその周囲をダソと呼ばれる蒙古のパオそっくりの家が、まるで馬糞を散らかしたようにポタポタと地面にくっついている。

寒々とした高原で大地はすっかり乾ききっており、肌寒い風が吹くと黄色い砂塵が立ちこめて、たちまちのうちに町全体を覆い隠してしまう。何枚も布を身にまとい、さらに頭からは大きな布をすっぽりかぶって眼ばかりぎょろぎょろさせながらロバやラクダをひき連れて町の中を歩いている人々の表情はなぜか大変かたく見えた。

わたしが宿に落ちつくと軍隊の人がやって来て、三日ほどしたら隊長のアバスと狙撃兵のアリーの二人がジープでエチオピア国境沿いに仏領ソマリアあたりまで探査するから一緒に行ったらどうかと相談に来た。もちろんわたしは大賛成だ。こんなチャンスを逃したら、もう奥地へは入り込めないだろう。

この辺のソマリア人はみんなカートという一種の麻薬をいつも噛んでいる。サカキの葉のようなものでしばらく噛み続けると茶色い苦い汁が出てきて頭がはっきりしてくる。さらにお茶を飲みながら噛むと口の回転が速くなり、のべつまくなしにしゃべり始めるのである。

このカートを噛みながら彼らはわたしと話をするのだが、そのうちの一人が突然、「今日は朝から晩まで文字ばかり見ていたから、ヘルブレスのところへ行って楽しんでくる」と言い出したのである。わたしは〝ヘルブレス〟というソマリ語を知らないのでその意味を聞くと、「英語にもあるのに知らないのか?」といかにも驚いた顔をするのである。そこで気がついたのだが、ヘルブレスとは英語の〝ヘルプレス（救い難い）〟から来た外来語で、売春婦のことなのだった。

こう気がつくとわたしはおかしかったが、さらにおかしくなったのは彼らが真面目な顔をして「日本はデモクラシーの国なのにヘルブレスもいないのか?」と尋ねたことだった。わたしはここで、日本がヘルブレスのいない国だということを知らせて彼らをがっかりさせ、一夫多妻の国ではないことを教えて彼らをすっかり失望させてしまったのだった。

政治家の浪花節

夜も八時になるとわたしの客人たちはみんなどこかへ行ってしまい、わたしは急に冷えてきた部屋を出て、町の広場に向かって歩きはじめていた。別に目的があったのではない。わたしの宿にまでなにか浪花節のようなものが聞こえてきたので何事だろうと思ったからだ。いや、浪花節のようなというよりは浪花節そのものと言った方がよいくらいの節まわしなのだ。

近づいてみると、群衆の中に一人の男が台の上に立って何か唸っているのである。その男は有名な政治家で国際情勢と自分の政見を述べているところなのだと近くの人が教えてくれた。

わたしはふと日本の政治家の中にも浪花節的演説をする人がいることを思い出したが、それは内容ばかりで節の方はさっぱりだめだ。聴衆をうっとりさせているソマリアの政治家に較べると、本格的な浪花節政治家になるには日本もまだまだほど遠いとわたしは思ったのだった。

三日目の昼、わたしは隊長アバスとイタリア人との混血らしい狙撃兵のアリーの二人に会い、ヒツジの太ももを一本ずつ齧ってからわたしたちは砂漠の中に乗り出した。二日間、わたしたちは走ったが、目に留まるものはなにもなかった。ロード・マップはもちろん、地形図も持たない彼らが、ジープを真っ直ぐに何時間も走らせたかと思うと突然止まり、「今度は右だ」と言って、急激に角度を変えて走り出すのを見ると、わたしは彼らが伝書鳩か犬かのような特殊な地理感を持っているのではないかと思わずにはいられなかった。

イカス女はヒツジ五十頭

初めて目に留まったものは、広漠とした砂漠の彼方に豆つぶのように見えた一団の人々であった。二十人近くもの人々がどこから集まったのかわたしには理解できなかったが、隊長アバスによるとそれは結婚式なのだった。女は十二、三歳で結婚するのだが、それは親の決めることだそうで、女はただ従うのだと彼は教えてくれた。

また、その辺りでは女は人間というよりも貨幣のような役割を果たす物品であり、「あの女は美人だ」と言う代わりに、人々は「あの女はラクダ十頭」とか「あの女はちょっとイカスからヒツジ五十頭」とか言って女性の価値づけをするのだった。

言うならば、その辺りの親は私立造幣局長のようなもので、無制限に貨幣たる子供を造り出しては有効貨幣たる女の子だけを保管しておいて、そうした価値が保証されていない男の子などは一人か二人だけにしてその続きは生かしておかないのだ。

生命力の限界をゆく

だだっ広い大地の上をさらに漂って十日も経つと、わたしは自分の感覚の中から時間とか空間とかいうものが次第に薄らいでいくのを感じ、地平線の向こうにある別の世界などは信じられなくなってしまうのだった。

髪ぼうぼうで布だか皮だかわからないものを身にまとっている、太古さながらの姿をした人々にも出会いはじめていた。彼らには家もなく、金属製品も持たず、ただ木の棒を一本持って、頭だけが真っ黒な小さなヒツジとともに生活しているのだった。

奥地での生活はひどかった。わたしたちが二日に三回ほどでもヒツジの肉を食べられたのは良い方で、そこに住んでいる人々はほとんどヒツジのミルクを飲んでいるだけという有様だった。病人が見えないのは体が強い人ばかりがいるからではなく、病気になることは死ぬことを意味しているのだった。遊牧といっても緑の草原でヒツジの群れを追っているというのではなく、あるかなしかの草を求めて歩くヒツジに人間がくっついて歩いているのだった。

こうした生命力の限界に挑戦することを何気なくやってのけている彼らを目の当たりに見ていると、わたしには文明社会と言われるものが大きな生け簀《す》のように思われたのだった。

砂漠での食事

食事は一日二回、または二日に三回ほどのわりでヒツジの肉片を齧るだけだった。水はないので、代わりにヒツジのミルクやまるで糊のようにどろっとしたラクダのミルクを、たまに飲んだりするだけだった。こうしてエチオピア国境に近い砂漠の中を二週間近くも漂っていると、考えることといえば、「今日は何かヒツジ以外のものが食べられるだろうか」ということぐらいになってしまう。そんな時にちょっとした灌木地帯に到着したのでわたしたちは嬉しかった。山鳩が五羽も六羽も一本の枝に並んで低い声で鳴いているので、それを食べようというわけだ。

パンツのゴム

だが、わたしたちはまだ餓死するほど食料に困っていたわけではなく、ただ、たまにはヒツジ以外のものを食べてみたいという贅沢心から山鳩をねらっていたので、大切なライフルやピストルは使用しないことになった。

とは言っても素手では捕まらない。わたしたちはしばらく考えたが、わたしがとうとうパンツのゴムを抜いてパチンコを作り、それで鳩を撃とうという案を提出した。この案には他の二人も感激して、わたしたちは各自のゴムの強さを調べてみたが、一番強力なわたしのゴムでさえ、長旅の間に風雨にさらされてすっかり弱くなっていたので、石ころを五メートルもうち飛ばす力がなくなっていた。

最終案がだめになって、わたしたちは少々がっかりしたが、隊長アバスの「いいよ、いいよ、もうすぐサタワという所に着いたらガゼル（レイヨウの一種）がいる所があるはずだから、それを捕えよう」という言葉に希望を持って、そこから出発することにしたのだった。

サタワ近くはよく写真で見るメキシコの田舎のようだ。荒涼とした砂漠に生えている悪魔のような植物、木の切り株のような形の草、こういった景色の中を、どう見てもガラス細工としか見えないルリ色で透き通るような光輝をもった小鳥が飛び交い、足もとからはジリスが驚いたようにピョコピョコと飛び出すのだった。

超現実的情景

さらに進むと、こげ茶色でボソボソしていた土地が終わり、あたりはやや生気を帯びた平野となり、風になびいている黄色っぽい草原を見ていると、今度は自分が北国のどこかにやって来たような気になってしまうのだった。気温は低く肌寒かった。すると、ラクダを連れた男が目の前にひょっこり現われてわたしは再びアフリカに連れ戻されてしまう。

ダソの骨組み用の半円形に曲げた木の枝を幾本も背に積んだラクダは、幻想の世界に浮かぶ難破船のように重々しく音もなく揺れ動いていた。その船首から竜のように突き出た首が不思議なカーブを描きながら空中を泳ぎまわっているのを見ると、わたしはこの世に居てはならない架空の生物が現実に現われ出たように思えて、ひどく恐ろしくなってしまった。それに、ラクダを連れている男の木工細工のような茶色い裸足の足が、音も立てずに一歩一歩と地面を押しのけて歩くのを見ていると、彼がわたしと同じ人間なのだということさえ信じられなくなってしまうのだった。

板切れのノート

しばらくは何も見えなかったが向こうから可愛らしい男の子が、長さ一メートルほど、幅三十センチほどの板を担いで歩いてくるのが目に入って、わたしは思わず体を乗り出してしまった。

それが墓標かと思い、こんな奥地でもわたしたちと同じ墓をつくるのかなと思ったが、それにしても、なぜその子どもが楽しそうにそんなものを担いでいるのか見当もつかなかった。

ところが、しばらく行くとまた同じような板を担いでいる子どもに出会ったので、わたしはとうとう隊長アバスに「お葬式でもあるのですか？」と聞いたら、彼は大笑いして、「あれはノートブックなのだ」と教えてくれたのだった。そうこうするうちに木と草で建てた一部屋だけの小屋に着くと、それが学校だった。

もちろん、ソマリアでも最も奥地の学校で、日本の僻地の分校といった所なのだろう。校長先生が迎えてくれて、「ここは遊牧民の多いソマリアでは珍しく農耕生活者がいる所なので学校をつくったのだ」と話してくれた。

入口には例の墓標型ノートブックが何枚か立てかけてあり、ここでの授業はコーランと人文地理を教えているようであった。面白い学校で、入口にはタタミ半畳ほどもある大きなスズリ石があり、その日の当番は一日中そこで墨をすっており、先生はその墨で生徒の板に一枚一枚コーランの文句を書き、生徒は地面に坐ってスズメみたいに口をパクパクさせてそれを音読しているのだった。

学校で教材になる

わたしはその学校を見学しに行ったのだが、実際には見学されに行ったようなものだった。校長先生はわたしを学校の前に立たせ、「みなさん、日本人とはこんな顔つきや服装をした人間のことを言うのです」とわたしのことを説明し、「もし今後、日本という名前を聞いたら、こういう人間を思い出しなさい」と結んだのだ。その間、生徒はまるで違う惑星から来た珍獣を見たかのようにじっとわたしを見つめているので、わたしは一生懸命になって日本人らしい顔をしようとしたのだが、いざとなるとどんな顔が日本人らしいのかよくわからなくなって困ってしまい、とりあえずじっと動かずに立っていたのだった。

その後もわたしたちの旅は続いたが、待望のガゼルも食べることができず、羊肉の食事を思い出すたびに体をカッカとほてらせているうちに、アラビア半島の対岸のゼイラに着いてしまった。隊長アバスは、この先にワイヤードという地点があり、そこから仏領に入れるのだが、彼とアリーはフランスの査証がないのでわたしが一人で行かなければならないと話してくれた。仏領ソマリアの首都ジブチまでは砂漠を歩いていけば、途中でぶらぶらしても二日で行けるとアリーは言うのだ。結局わたしは「あっちに行けばフランスがある」という方角に向かって朝早く出発することになった。

一人歩きは快適だった。誰一人いない所で、自分を覆っている空気を全部自由に吸っていいのかと思うと、ひどくもったいないような気もするのだった。黄色っぽい地面を越えて、水の涸れた小さな谷を越したとたん、真っ青な空の中に突然三色旗が見えた時は、これでソマリアの旅も終わりなのかと思い少々残念な気もしたが、これで今日中に何か違うものが食べられるのかと思うと嬉しくも思えるのだった。

歩いて日本から?

三色旗の下にはわたしの方にライフルの銃口を向けて立っている兵隊が三人いたが、本当に撃とうなどとは思っていないようだった。彼らは皮膚の色こそ異なるが国境警備軍のフランス兵なのであった。わたしが近づくとその中の一人がぶっきらぼうに「どこから来た?」と言っておどすように尋問を始めるのでわたしは驚いてしまった。彼らはわたしが砂漠の向こうから来たのを見ていたはずなのだ。そこで質問の意味をわたしがとり違えているのかと思い、「日本から来た」と言うと、その兵隊は真面目な顔で「歩いてか?」と聞くのである。わたしは驚きのあまり彼の質問に「ウイ(はい)」と一言答えてしまったのだが、彼は別に怒ったようすも見せないので、わたしはやっぱり砂漠は不思議な人々の住む所だと思ったのだった。

5 エチオピア

東京と錯覚させるような町——「アンタ!」と呼ばれたアディスアベバ

仏領ソマリアの首都ジブチはお金のかかる所なので、着くとすぐ嫌いになった。一日四千円近くのお金を使っても、暑苦しいホテルで食事をして寝るだけ。そのうえに、もしできることがあるとすれば、夕方にコーヒー屋のテラスでビールの小瓶を一本、一人寂しく飲むぐらいが関の山だということがわかったのだ。それに、ソマリア縦断で壊れてしまった靴を直させたり、汚れた衣類を洗って乾くまで待っていたりなどしたらどうなるだろう。少なくとも、もう一万円ぐらいは使わなければならないだろう。そう思うとわたしはもういたたまれなくなってしまい、翌朝はエチオピアに行ってしまおうと決心したのだった。

洗濯しに来ました

翌日、ジブチを出発した時は正午近くで非常に暑かった。しかし三時間後にアディスアベバに着陸してみると外は涼しいくらいの気候だった。やはり海抜二四〇〇メートルの高地の首都だけのことはあるのだ。

わたしが乗って来たエチオピア航空の飛行機はたいそう立派な設備を誇っており、客層も上級だ。そのためか、税関の役人は普段着に小さなズックの袋だけという姿のわたしに興味を持ったようだった。袋の中身といえば、カメラと汚れたズボンと、前の夜に洗濯しようと思って水に浸しておいたシャツや下着を出発間際になって大急ぎでしぼってつっこんであるビニール包みだけなのだ。

「あなたはこんな物を持ってエチオピアに何しに来たんですか?」と税関の役人はわたしの荷物を調べてからどうもわからないといった表情でこうたずねた。そこでわたしが「洗濯に来たんです」と正直に伝えると、まわりにいた人々が一斉に笑い出してしまったのだ。飛行機に乗って隣の国まで洗濯に来る人はいないのだそうである。

おじぎと公開絞首刑

アディスアベバの町の中に入って行くと、わたしはふと東京に戻ってきたような錯覚におちいってしまった。立派なようでどこかちゃちなビルディング、カナ文字に似ているアムハラ語（エチオピア語）のネオン、注意して歩かないとつまずきそうな道路……だけではない。街路では行き交う人々が日本人そっくりに丁寧におじぎを交わしていたり、偉そうな格好をしている人の前でピョコピョコと頭を下げたりしている人々が目につくのだ。

そのうえ、行きちがったおじさんに「アンタ！（アムハラ語の〝あなた〟）」などと呼び止められたりすると、もう本当に家に帰ったような気になって「はいよ！」などと答えたくなってしまうのだった。が、こんな第一印象も、ホテルに着くなり「もう一日早ければ公開絞首刑が見れたのに」とさも残念そうに言われてみると、ここはやはり東京ではないのだと改めて思うのだった。

わたしが泊まったのは二階建ての二流ホテルであったが、気楽な点が何より気に入った。ここを下宿にして長期滞在をしている者も多いらしく、その中には日本の商社の人々も何人かいるようだったが、わたしは会わなかった。例の洗濯等の用事をすませてしまうと、わたしはここの大使館宛に手紙でも来てはいないかと思って出かけることにした。

起伏の多い町には意外に自動車が多く、白い布をすっぽりと肩からかぶった人々や革のジャンパーを着た若者たちが商店街をぞろぞろと歩いていた。街の中心部の広場でタクシーに乗り、行く先を告げるとそのタクシーはほんの一、二分も走らないうちに止まってしまうのでわたしは驚いてしまった。見ると、後方から走ってくる別の客を乗せるためだったのだ。エチオピアでは同じ方角に行く人なら少々道順が異なっていても、席が空いている限りは客を拾うのが常識なのだそうだ。

赤線地帯

遠回りに遠回りを重ねてタクシーがようやく町の外れにさしかかったころ、わたしはこじんまりした小さな家がずらっと並んでいるのを見つけて興味を持った。エチオピアでも市営住宅地のようなものができたのかと思ったからである。ところが、それは赤線地帯で、なるほどそう言われてみると入口には赤いのれんのようなものがかかっており、離れた所から見れば確かにずらりと並んだ家の中程が一本の赤い線に見えるのだった。

タクシーの運転手はその辺りまでくると、急に日本の大使館がどこにあるのか知らないと言い出しわたしを困らせた。ここで車から降りて赤線地帯の中をうろうろしているわけにもいかず、さてどうしたものかと考えているところに、偶然、大使夫人と日本人のメイドさんが通りかかり、「あらまあ！」と叫んだのである。わたしが日本人だと気がつくと「こんな所でなにをしていらっしゃるの?」と言うわけなのだ。こう聞かれると、わたしは場所が場所だけに正直に答えた方がよいと思って、「こんな所で何かをしようとしているのではなくて、何かをしようとしているのが運悪くこんな所なのです」と答えた。すると二人は大笑いなさって、「今晩はうちに夕食を食べにいらっしゃい」と言ってわたしを招待してくださったのだった。二人は街へ行く途中であり、大使館はこの道をもう少し行った所にあったのだ。

見物は翌日からはじまった。街の中で気がつくことは、他のアフリカ諸都市と同様に外国の力が強く入り込んでいることである。「スウェーデン寄贈…」とか「フランス…」という建物が多く、新しい建築物ではアメリカやソ連の文化センターが素晴らしく、そこには立派な図書館の設備があったり、無料講習会の掲示が出ていたりするのだった。

ギリシャ人

一方、こういった大きな立て看板を出してはいないが、街の中にしっかりと根を張っているのはやはり、イタリアやギリシャだろう。街では英語よりはるかにイタリア語の方がよく通じるし、ちょっとしたコーヒー屋のウェイトレスなどはほとんどギリシャ人で、わたしが言葉がわからなくて困っていると、ギリシャ語でキャッキャッと笑っていたりする。

アディスアベバを去る前夜、わたしはここのフランス系船会社で働くギリシャ人とインドの青年と知り合った。わたしの旅行談がはじまってから十五分も経っていないのにもう昔からの仲間のようになってしまい、わたしが去ろうとすると、「君の旅の続きで、もし手伝えることがあったら是非させてほしい」と申し込むのである。こうしてわたしは彼らから新しい革の探検靴のさし入れをありがたく受け、アビシニア高原を経て再び仏領ソマリアへ移動することに決めたのである。

アディスアベバでのわたしの体験は今まで見てきた国々のとは大分違い、大変おとなしいものに思えた。エチオピア語がさっぱりだめなので、話し合った人々がヨーロッパ人かヨーロッパ語を解するエチオピア人のハイクラスに限られてしまい、そのために歩く範囲までが並みのコースになってしまったからなのだろう。わたしの乗った夜汽車がホームを離れていくと、わたしはアディスアベバの町がささやかな想い出を包んだまま、闇の中にすーっと消えて行くのをぼんやりと眺めていたのだった。

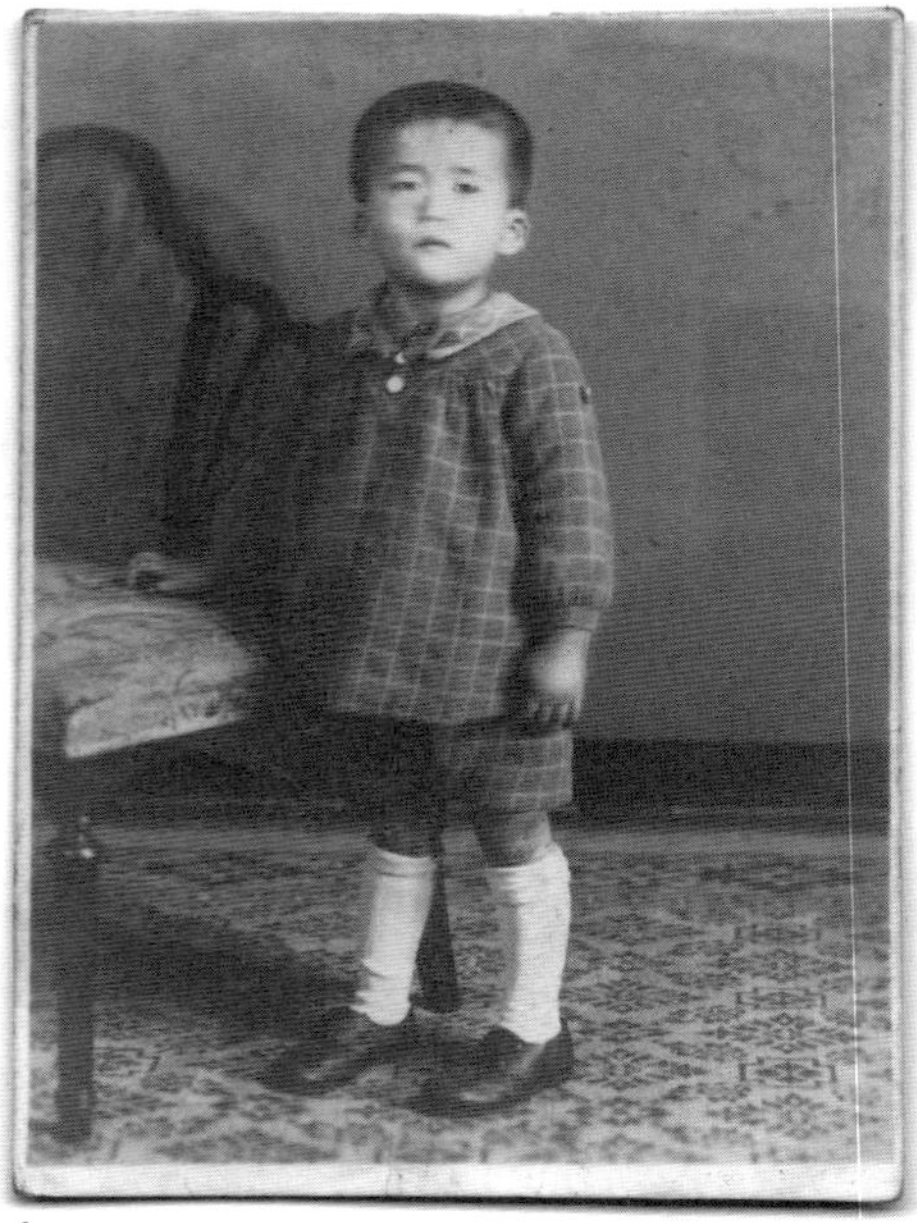

1

3

4

［増補］写真アルバム

2

5

6

7

1．著者4歳
2〜4．高校時代
5．大学時代、仏文研の仲間たちと（前列右から二人目が著者）
6．モザンビーク、ロレンソマルケス港税関、1961年
7．キリマンジャロ登頂

8

9

10

8．モザンビーク、ロレンソマルケス（現在のマプト）、1961年
9．ケニア、モンバサ、1961年
10．モザンビーク、ロレンソマルケス（現在のマプト）、1961年
11．ローデシア（現在のジンバブエ）南部、バオバブの木、1961年
12〜13．モザンビーク、ベイラ、1961年

11

12

13

＊２５４〜２５９ページに掲載するアフリカの写真はすべて、
著者が１９６１年のアフリカ縦断の旅の際に撮影したものです。

14

14～15. ソマリア、モガディシオ、1961年
16. ソマリア、砂漠の村、1961年
17. ソマリア、荒野の村ボラルの学校、1961年
18. ソマリア、ハルゲイサ、1961年
19. ソマリア、荒地をゆく遊牧民、1961年

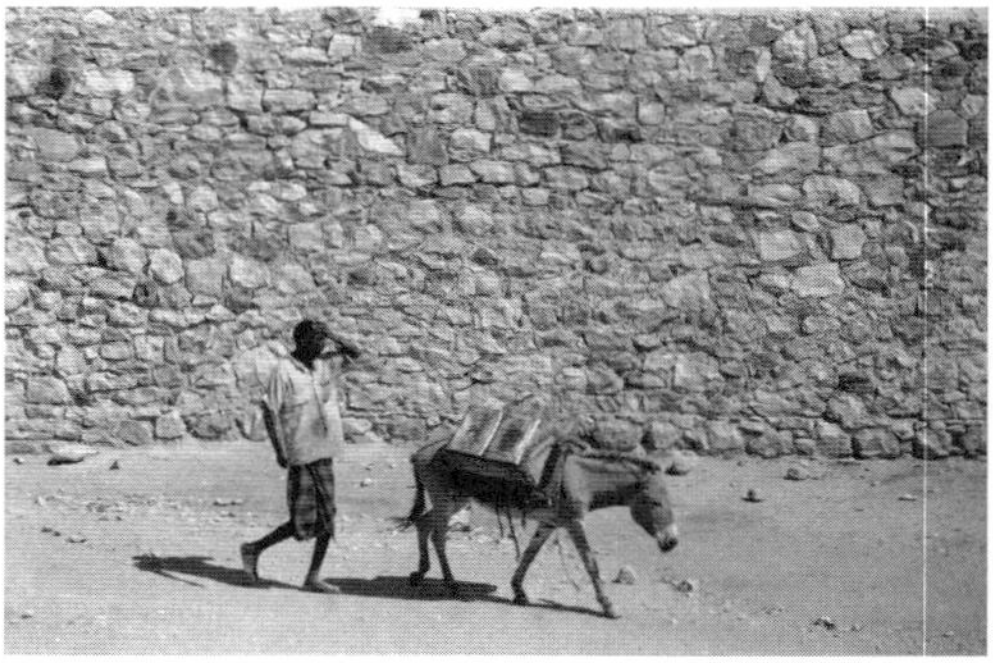

15

16

1

18

19

0

21

22

23

24

20～21．ソマリア北部の砂漠、１９６１年
22．ローデシアとモザンビーク国境付近、ウムタリ、１９６１年
23．ソマリア、ハルゲイサ、１９６１年
24．ソマリア、サタワの学校前に並ぶ全校生徒、１９６１年

あとがき

「思い出などというものに、心が向くようになったら人生も終わりですな」と、いつのことだったか友人が言った。しかし、十年も前に書いた思い出を、今また改めて読み直すことになってみて驚いた。自分の感覚は、その後もほとんど変わっていない。進歩もなし、退歩もなし。我が人生がまだ始まりなのか終わりなのか、まるでわからない。ただ、歩き続ける自分がいるだけだ。

アメリカ留学から帰ったわたしは、その後三か月ほどで仕事のために東アフリカのウガンダに行くこととなった。妻のサリーを東京に残して出かけて行ったのは、ウガンダに入ってからの行く先が大変な奥地だったので、生命の保証がなかったからである。

数か月は東京を不在にするので、その間は一人でどうするつもりなのかとサリーに尋ねると、しばらく学校に入って勉強していると言う。東京大学の大学院の試験なら申し込み期限に間に合うということで、願書を書き、外国人としてではなく、一般受験者と同じ資格で試験を受けたら合格していた。専攻は言語学で、当初は中国の古語の音韻論とやらをすると言っていたが、途中で琉球諸島方言の音韻論にテーマを変えた。

ウガンダでは、カリモジョンと呼ばれる人々の土地を運良くわたしは訪ねることができた。当時、彼らは文字通りに全裸の生活者であった。荒地を堂々として歩く彼らの肉体の躍動美は、今も忘れ難い。

ウガンダ滞在後、わたしは無事に東京に戻り、サリーは修士課程を二年で出ることになった。ところが、わたしたちの生活はそのあたりから大変なことに見舞われ続けた。幼児の頃にあったというサリーの喘息が悪化した。救急車が家まで来ていても、部屋から車まで運ぶのが困難なほどの発作に襲われたこともある。それに加えて腸に腫瘍ができて、内科で大きな手術を受けることになった。さらに神経に障害がでて、精神科に入院ということになった。まさに三重苦である。

それから三十年ほど経った今、過ぎ去った日々を振り返ってみると、最初の二十年以上はサリーの入院と看病の日々であったことになる。残り十年は病院の外に出てはいるが、日本やアメリカで通院患者としての生活である。結局は、三十歳を過ぎてから三十年間のわたしの人生は、病人のための治療費稼ぎで追われただけということになる。その生活は今も変わらない。家賃と病気療養費だけでも給料は消える。必ずしもそうした費用を稼ぎ出すためだけにとは言えないが、臨時の仕事でわたしは南北アメリカ、カリブ海域、アフリカ、アラブ諸国、ヨーロッパを何度となく行き来した。雑多な仕事を絶え間なく続けてきた。ケニアで日本の学術団体の駐在員をしたり、アメリカで言語教育産業の出張員をしたりした。その間に、言語学の世界では著名なN・チョムスキー、R・ヤコブソンという大先生を日本に呼ぶ係をすることにもなった。

四十歳近くなって、家族に子どもが加わった。わたしは、雑誌に数多くの雑文を書き、世界各地での調査活動をする一方で、息子の育児に追われ続けた。赤ん坊のアレンを背中におぶい、今考えれば、よくまあ、あんな所までと恐ろしくなるような土地を目指し、旅をした。子連れ以外にわたしには選べる道はなかったのだ。また、東京の暮らしでは近所の人々とのつき合いで、さまざまな人情に触れることができた。何人かの素晴らしい人々と知り合った。その間に人間というものについて学んだことは多い。本で読み頭で考える人間と、実生活での人間との大きな違いを充分に学べたのは、そうした生活を体験することができたお陰である。

息子のアレンは、今では二十一歳になり身長百九十センチ近い大男に成長し、オランダでの一人暮しでサッカーに励んでいる。健康なのが何よりである。思いっ切りやってほしい。彼は一歳にもならないうちに海を越えてアメリカに行った。幼児の頃からアフリカ、アメリカの大草原や砂漠を駆けまわってきた。太平洋、大西洋、インド洋と、いくつもの海の上を小さな舟で漂った。〝世界の秘境〟と人々が呼ぶ所にも小型飛行機を借りたりして訪ねてみた。何の保証もない世界をさまよってきた。そのような生活を世界中で幾度も経験して育った子どもはそんなに多くはいないと思う。その間、わたしは彼に「人間は生き物だ」と話してきた。その意味をどのように理解しているのか、成人したアレンにそのうち尋ねてみたい。

この世に一センチ四方の土地もなく、家もなく、二、三か月先のお金の蓄えもなく、さらに定職もなしで、長い間、よく生きてこられたものだと我ながら思う。四十歳になってからは、教師という定職だけは得て、なんとかやり繰りがきく生活をしているが、それを失う時がきたらこの世におさらばかなとも思う。こういう生涯は犬もスズメも蝶もトンボも同じである。生き物らしくてよいのではとも思えてくる。

わたしは〝明快な妄想〟〝馬鹿げた努力〟という言葉を自分で創っておいて、それを好いている。とにかく、勝手なことをしてきているので、はっきりとした夢を持つこと、他人の何倍もの努力をすることが必要なのである。努力というのは面白い。努力して何かが完成するという保証など何もない。物事は頑張ればできるなどということではないからである。ただ、目標に向かって絶え間なく進む。そこに楽しみが見出せる。

無手勝流のわたしを支えてくれたのは、人生の合間にわたしの前に姿を現した何人もの人々である。炊事、掃除、洗濯、縫い物など、すべて自分でする日々であるが、そのような日常的なことでも、わたしはいつも助けられた。また、学問での救いというものは、贅沢を言えば、生活がある程度成り立ち、さらに研究を続けていけるようなチャンスにありつけるということだ。そのような面でも、わたしは何人かの学問畑の人々に手を差し伸べてもらうこととなった。その人々が、より良い夢の種をわたしのために蒔《ま》いてくれ、刈り入れのチャンスを与えてくれた。感謝の気持ちで一杯だ。

*

本書は『キャリア　ガイダンス』（リクルート）の連載（一九八七年五月号〜一九八九年二・三月号）に、

大幅な加筆をほどこしてまとめたものである。
執筆してから十年近くの月日を経た後に、一冊の本として日の目を見るようになれたのは読売新聞出版局の伊藤譲治氏のお陰である。彼が連載を集め、丁寧に整理してくださった。そしてそれをすべて原稿の形に揃え、まとまりをつけてくださったのは加原奈穂子さんである。この二人の助力なしには、こうしたことには怠惰であるのみか、いつも異次元世界をさまよっているわたしの本がまともに世に出る可能性はなかったといってもよい。有り難う。

一九九八年十一月一日

東京・三鷹の〝蝦蟇《がま》屋敷〟にて　西江雅之

文庫版あとがき（『わたしは猫になりたかった』新潮OH！文庫）

青春とは、希望や悩みが心のなかで渦巻き、世間のあり様を憂い、それに抗う日々を過ごす時期だという人がいる。

しかし、わたしの過去にはそのような日々はなかったように思う。希望はおろか、何かを本気で期待したこともない。ただ、その場その場をしのいできた。わたしにも人並みに悩みがあったに違いないが、深刻になったり、行き詰まったりしたことはない。もしかしたら、事に耐える力が強いのではなくて、あきらめが滅法早いのかもしれない。〝今〟を生きる。過去を振り返らない日々を過ごす。青春とは、そんな時期だという人もいる。そうだとすると、わたしは今も青春の真っ只中だ。いや、青春ではない。子どものときから変わることなく、単なる〝自分〟でいる。ただそれだけのことだ。

わたしには、好きな言葉がいくつかある。〝我、事において後悔せず〟。史実の真偽は別として、剣豪・宮本武蔵が言ったと伝えられているこの言葉は、十代の頃からわたしの心に生きている。その意味は〝過ぎ去ったことをクヨクヨ思い悩むな〟ではなくて、自分流の解釈では、〝することはすべて自分自身で選んだこと、覚悟せよ〟ということとなる。

〝今〟を生きる。獣や鳥や虫のようで、生とはそのようなものだ。動物は、勝手気ままに生きているのではない。単なる言葉としてではなくて、覚悟というものが常に身体そのものとなっている。

こんな言葉もある。〝また見つかった、／何が、永遠が、／海と溶け合う太陽が。〟

アルチュール・ランボーの詩の一節である。二十歳を過ぎてから、わたしは数十の国々を訪れたり通過したりした。その初期の頃に、旅の途中で読もうとしてカバンに入れたのが、ランボーの詩集の訳本（小林秀雄訳）であった。一番薄い文庫本だ。そんな便利さもあってか、その後の四十年間ほどの旅のすべてに、その本を持ち歩いた。ボロボロになったその文庫本は、今や本というよりは旅の御守りのようなものである。道中、表紙さえ開かないことも多いが、それでも、この句を旅先で思い出すことがある。わたしにとっては、呪文のような句でもある。それが何を言おうとしているのかが問題なのではない。ただ、その文句が持つ不思議な力が、わたしの心をざわめかせるのだ。

前世紀との決別というわけでもないが、わたしは二十世紀の終わりに、それまで所属していた大学を含め、いくつかの職場から身を退いた。内臓や脳に、あらわな欠陥が出てきたので、このままでは満足のいく仕事は続けられないと思うようになっていたのが大きな理由である。それに、わたしはもともと組織に縛られる生活には向かない性分だ。体の機能が破損していることがバレないようにと我慢して、職場にしがみついているよりは、命あるうちに、やり残したことをまとめてみたい。そんな贅沢な気持ちが、定職なしの今後のフーテン生活に待ち構える不安より勝ってしまったとも言えるだろう。それに、考えてみれば、わたしの人生の三分の一は自由業――という不自由業――の身での生活であったのだ。なんとかなるというのではない。なんとかしていこうと、気持ちを新たにするだけである。

自分の過去について語る。そのような機会が自分の人生に訪れることになるとは夢にも思わなかった。それは、わたしが自分の過去を振り返るという発想を持たない人間だというだけではない。そもそも、他人様に話すほど価値があることが自分の過去には見つからないのである。それなのに、三十歳になるところまでの半世紀を雑誌に書く機会が出てきたのが、一九八〇年代の終わり頃のことだった。その連載記事を集め、『ヒトかサルかと問われても』(一九九八年　読売新聞社)という題名の本に作りあげてくださったのは、読売新聞社の伊藤譲治氏である。それをさらに「文庫本にしてはどうですか」と声を掛けてくださったのは、新潮社の編集者の秋山洋也氏だ。わたしの分身でもあるこの本が、また新しい旅に出られるのは、彼らのお陰である。

二〇〇二年二月

東京・三鷹の蝦蟇屋敷にて　西江　雅之

『ヒトかサルかと問われても』増補新版刊行にあたって

西江雅之先生が二〇一五年六月にこの世を去られてから、まもなく一〇年を迎えようとしている。多くの書籍が矢継ぎ早に出版されては消えていく中で、先生が残された唯一の自叙伝『ヒトかサルかと問われても』が、一九六〇年代初頭のアフリカ縦断の際の写真や『日本読書新聞』での連載（一九六三年、全七回）を加えて、新たな形で再び世に出ることは大変感慨深い。

数十の言語を自在に操る天才と呼ばれた先生だが、本書に描かれたその半生は、まさに目眩《めくるめ》くようなおもしろさである。動物の仲間になりたいと近所のスズメの声を一心に聞き分けようとした少年時代。体操選手としてオリンピックを夢見て手のマメが潰れるまで練習に励んだ高校時代。大学では安保前の新宿の裏街で仲間たちと文学談義に夜を明かしたかと思うと、未知の大陸アフリカ縦断の旅へと踏み出し、「悪霊も逃げ出す土地」と言われたソマリアまでも単独で踏破してしまう。

ただ、本書の魅力は、そうした波瀾万丈のエピソードだけにあるのではない。「人間は生け簀《す》の中で生かされている」、夢を実現するための「明快な妄想」と「馬鹿げた努力」。折々に語られるこうした世界観、人生観のようなものが、不思議なほどに強い印象を残す。人間とはなにか、自分はどう生きたいのか。飾らない言葉の一つひとつが、まっすぐに心に突き刺さってくる。

いつも飄々とした風情で、想像もつかないような異郷での出来事を楽しそうに話されていた様子が目に浮かぶ。どこか人間離れしていて、重力でさえ西江先生を縛ることはできないようにさえ思えたが、本書を改めて読み返してみて、先生もまた、与えられた命をその時その時懸命に生きられたのだと感じている。

出版を取り巻く状況が厳しさを増す中で、本書の再刊に尽力されたのが白水社社長・岩堀雅己さんである。岩堀さんは、長年、多岐にわたる先生の作品と粘り強く向き合われ、『新「ことば」の課外授業』や『ピジン・クレオル諸語の世界』などの優れた本を送り出して来られた。「師なし、弟子なし」とよく言われていた先生だが、そうした学閥の枠をはるかに超えた広い人間関係に支えられていた。

「人間は二度死ぬ。一度は肉体が死ぬとき。そしてもう一度は人の記憶の中から消え去ったときだ」。病床でこんな言葉をふと口にされていたのを想い出す。どんな人間でも一度目の死は免れ得ないが、記憶の中で生きることはできるだろう。本というものは、そうした記憶が宿る場所なのだとも思う。消えてしまうにはあまりにも惜しい輝きをもった一つの人生が、本書を通して多くの方々の心の一隅に住処を見つけることを願っている。

二〇二四年十二月

加原 奈穂子

デザイン――三木俊一（文京図案室）

著者略歴

西江雅之（にしえ・まさゆき）

一九三七年東京生まれ。文化人類学・言語学者。早稲田大学大学院文学研究科修士課程修了後、フルブライト奨学生としてカリフォルニア大学（UCLA）大学院アフリカ研究科に留学。帰国後、東京外国語大学、早稲田大学、東京芸術大学などで教鞭を執った。東アフリカ、カリブ海地域、インド洋諸島、パプアニューギニアなどでフィールドワークに従事。アフリカ諸語、ピジン・クレオル諸語の先駆的研究をなした。現代芸術関係の分野での活動も多い。主な著作に『花のある遠景』『ことばを追って』『アフリカのことば』『新「ことば」の課外授業』『ピジン・クレオル諸語の世界』『写真集　花のある遠景』などがある。エッセイの名手としても知られ、多くの高等学校国語教科書などに文章が採用されている。二〇一五年没。

この作品は一九九八年十二月に読売新聞社より刊行され、その後二〇〇二年四月に新潮OH！文庫で『わたしは猫になりたかった』と改題して刊行されました。このたび、当初のタイトルに戻し、単行本未収録原稿と写真を増補いたしました。

ヒトかサルかと問われても［増補新版］

二〇二五年一月一〇日　印刷
二〇二五年二月　五日　発行

著　者 © 西江雅之
発行者　岩堀雅己
印刷所　株式会社三陽社
発行所　株式会社白水社

東京都千代田区神田小川町三の二四
電話　営業部〇三（三二九一）七八一一
　　　編集部〇三（三二九一）七八二一
振替　〇〇一九〇-五-三三二二八
郵便番号　一〇一-〇〇五二
www.hakusuisha.co.jp
乱丁・落丁本は、送料小社負担にてお取り替えいたします。

誠製本株式会社

ISBN978-4-560-09155-5
Printed in Japan